本书为国家社科基金艺术学一般项目
“社会创新视阈下居家养老服务设计策略研究”最终成果
（项目编号：19BG113）

# 社会创新视阈下
# 居家养老服务设计策略

宋瑞波 著

中国戏剧出版社
CHINA THEATRE PRESS

**图书在版编目（CIP）数据**

社会创新视阈下居家养老服务设计策略 / 宋瑞波著 .
北京 : 中国戏剧出版社, 2025. 5. -- ISBN 978-7-104
-05654-6

Ⅰ. D669.6

中国国家版本馆 CIP 数据核字第 2025RT8943 号

社会创新视阈下居家养老服务设计策略

**责任编辑：**曹　静
**责任印制：**冯志强

**出版发行：**中国戏剧出版社
**出 版 人：**樊国宾
**社　　址：**北京市西城区天宁寺前街 2 号国家音乐产业基地 L 座
**邮　　编：**100055
**网　　址：**www.theatrebook.cn
**电　　话：**010-63385980（总编室） 010-63381560（发行部）
**传　　真：**010-63381560

**读者服务：**010-63381560
**邮购地址：**北京市西城区天宁寺前街 2 号国家音乐产业基地 L 座

**印　　刷：**北京九州迅驰传媒文化有限公司
**开　　本：**787mm×1092mm　1/16
**印　　张：**14.5
**字　　数：**200 千字
**版　　次：**2025 年 5 月　北京第 1 版第 1 次印刷
**书　　号：**ISBN 978-7-104-05654-6
**定　　价：**88.00 元

# 序　言

人口老龄化已经成为全球性的社会问题，对整个自然生态和人类社会系统产生了巨大的影响。随着老龄化进程加快，越来越多的国家在经济发展、文化发展以及自然环境等方面受到了影响，世界各国开始了针对老龄化的研究和创新实践。联合国、国际公益组织等也针对人口老龄化问题开展了众多社会性活动，制定了明确的目标，有力推动整个社会系统的自我完善。

我国的人口老龄化相对日本和其他国家来说进入时间不长，但是基于我国人口总量和经济发展水平的特征，人口老龄化给我国社会带来的冲击将是巨大的。面对人口老龄化的发展现状和趋势，国家从政策、资金、物质、人力以及信息等社会资源角度，坚持不懈地开展了大量的工作。根据老龄化带来的影响和发展趋势，从国家层面制定相应的法律法规和制度，从社会保障体系的视角，扎牢扎稳基础性兜底性养老工作；从政策上引导养老服务的社会力量主动、积极参与；从法律上有效监督养老服务的规范和执行；从模式上推动“9073”养老服务的分类，进一步细化养老服务的路径。从视野上定位人口红利与人才红利，充分客观认知挑战与机遇。从社会系统的高度，整合一切有价值的社会要素，为它们搭建沟通的桥梁和纽带，充分建立它们之间的联系并推动不同社会组织、企业、个人等要素融入养老服务系统当中。政府、家庭、社会多元一体的居家养老模式和系统性的社会保障体系正在朝着理想的状态发展。

任何事物都是矛盾的综合体，都有正反两方面。人口老龄化这个社会现象既是社会内部的矛盾，也是社会发展的客观规律，老龄化既是问题又隐藏着机遇。面对着人口老龄化带来的社会现象，老龄产业、银龄经济又成为推动我国经济发展和创造新的经济增长点的可能。

在充分开展老龄化带来的问题研究的基础上，社会各界、各个领域也开始围绕老年人的需求、体验以及价值开展了相关的研究与实践。一大批来自社会学界、经济学界、管理学界、心理学界以及设计学界等不同学科领域的学者、专家，纷纷聚焦并扎根养老服务、为老服务设计领域，不断开展基础理论研究和创新策略探索。众多的商业企业、服务机构也围绕老年人的生活方式、生活内容，开展了文化、体育、健康、旅游等商业模式、服务模式实践，在满足老年用户多层次的需求和实现老年用户高层次的体验的同时，创造了商业价值、社会价值，也给老年人自我价值的实现创造了平台和机会。众多的公益机构、志愿团体、社会组织不断研究和发现老年人回归社会、参与社会活动、创造社会价值和实现自我价值的路径。政府和来自不同业界的创新者正在逐渐形成合力，围绕着老年人群、养老模式、服务模式、商业模式、创新路径等不同的视角，朝着实现社会结构性的局部功能和社会系统的整体目标，协同开展社会系统的创新和新时代国家治理体系的进一步优化和完善。

项目按照选题制定的方向、视角和研究目标有序进行，最终形成了居家养老服务设计的基本策略。但从研究的理论高度和实践应用的广度、深度上看，还有不足之处。第一，项目内容侧重学理分析，虽然通过研究明确了基于社会创新开展居家养老服务设计的内涵逻辑、基因逻辑和谱系机理，但是对案例的特殊问题分析和策略研究还存在一些不足。第二，项目研究虽然实现了跨学科、跨专业、跨领域融合基础上的居家养老服务设计创新策略，但较多停留在对方法和工具的认识上，对社会学、管理学等其他学科深层次的理论认知不够，影响了基于学科理论融合开展创新和实践应用的成效。在下一阶段，将进一步深化相关学科的深层次理论融合研究，不断完善和提升研究成果的价值，构建更加全面、系统和高价值的居家养老服务设计策略和实施路径。

# 目 录
Contents

# 导　言

老龄化是全球共同面临的社会现象和社会问题，居家养老和服务设计已经成为中外学者持续关注的重大理论命题和现实问题。

国外针对居家养老的研究主要针对养老金制度、养老服务标准、医疗技术以及养老服务的模式开展。Camila Arza 的《欧洲养老金改革：政治、政策与结果》研究了欧洲养老金改革的策略；Martin Rein 在《重新思考福利国家：养老金改革的政治经济学》中从政治经济学角度研究了养老金改革；坂肋昭吉在《现代日本的社会保障》中提出了要重新审视日本养老社会保障涵盖的内容；K.J. Turner 在《家庭护理技术的进步：Match 项目的结果》中提出要发展和部署计算机远程医疗保健技术。在模式方面，英国提倡“去机构化”，提出“在社区照顾”和“由社区照顾”居家养老模式，美国强调个人独立和个人自助的价值取向，政府实施 PACE 计划，提出“医－护－养”模式，日本推行“长期介护”与多样化的服务产品。

国内针对居家养老服务、居家养老、社区居家养老服务的研究成果相对较多，居家养老服务设计的研究成果较少。研究内容主要是资金、制度、管理和人员服务等，解决问题的方法主要从技术和人力资源角度，限制性较大。整体上看，对居家养老服务的微观和宏观层面研究较多，中观层面较少。基于养老人群差异化的生理、心理需求层次等研究不够，创新不足。对居家养老服务的系统化研究不足，跨行业、多领域的资源整合不全，服务设计介入居家养老服务的内容较少，缺少一定高度的服务设计系统性、策略性研究。

通过中国知网对研究成果下载量和被引量的大数据分析，国内从 2010 年开始，养老服务就成为重要的学术增长点，学术关注度呈持续增长态势。这个时期开展研究的内容大部分是针对养老服务的，居家养老服务与其相比较就显得较少。而且养老服务和居家养老服务的研究重点主要集中在政治学领域，占比接近 50%，大部分是针对养老服务和居家养老服务的初步认识。此后的几年，相关研究一直在持续增长，直到 2018 年和 2019 年各达到一个高峰后，养老服务和居家养老服务的研究成果开始逐年下降。（见图 0-1）

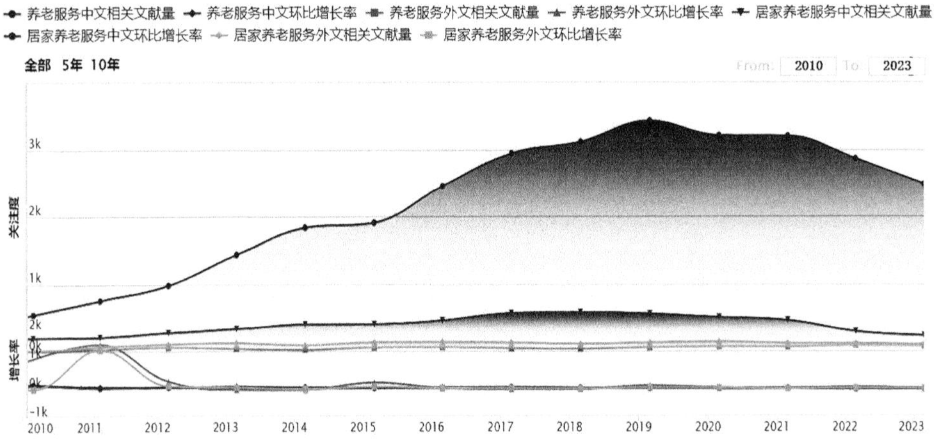


图 0-1 养老服务与居家养老服务学术关注度对比分析（来源：中国知网）

针对养老服务设计的研究主要开始于 2015 年，但真正从设计学科开展服务设计的寥寥无几，大部分是从制度体系设计、社区规划设计和政策设计等方向开展的。这些研究主要集中在政治学、建筑学、服务业经济学和贸易经济学，学科范围相比较养老服务有了一定的拓展。从 2017 年开始，学术界对养老服务设计、居家养老服务设计的研究有了较大进步，学术关注度也呈现逐年增长的趋势。截至 2023 年，养老服务设计和居家养老服务设计的学术关注度呈现高速增长态势。学科领域主要集中在政治学领域，占比约 40%，较之前明显减少。（见图 0-2）这个时期的服务业经济、贸易经济、计算机软件与应用、建筑学、医疗卫生政策和法规、工业通用技术和社会学等领域的学术关注度较之前都有了很大提升，设计学领域的研究成果受关注度达到了新高，而且更多地集中到了居家养老服务的系统设计、平台设计和策略设计上。（见图 0-3）

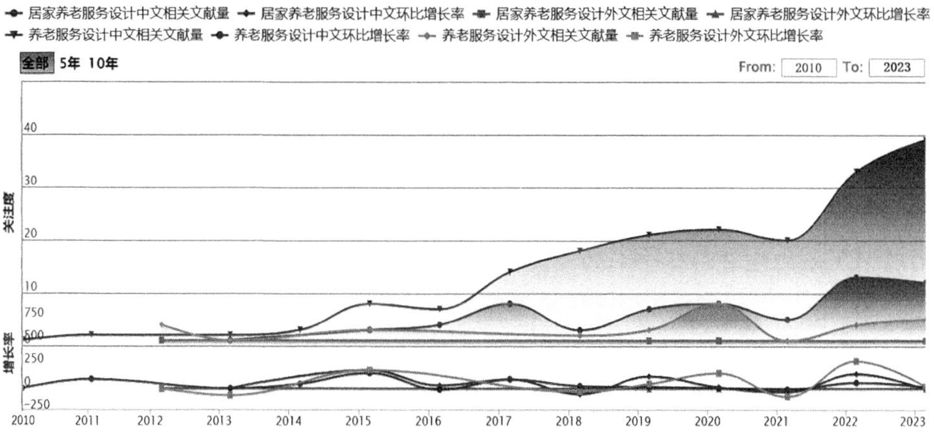


图 0-2　居家养老服务设计与养老服务设计学术关注度对比分析（来源：中国知网）

关注文献

| 题名 | 作者 | 来源 | 年/期 | 下载 | 被引 |
|---|---|---|---|---|---|
| 非营利组织居家养老服务供给:模式、效用及策略——基于南京市的案例分析 | 宋雪飞;周军;李放; | 南京大学学报(哲学·人文科学·社会科学) | 2017/02 | 3598 | 88 |
| 政府购买居家养老服务:模式分析与战略设计——基于比较研究的视角 | 胡宏伟;孔静怡;严晏;王剑雄; | 陕西行政学院学报 | 2013/01 | 1571 | 59 |
| 智慧居家养老服务系统设计研究 | 刘和山;董雪;范志君;李普红; | 包装工程 | 2020/08 | 2942 | 41 |
| 社区居家养老服务设施规划设计策略研究 | 张倩;王芳;支瑶; | 住区 | 2016/01 | 791 | 31 |
| 绿色消费驱动的社区居家养老服务设计研究 | 王祥; | 南京艺术学院学报(美术与设计) | 2018/05 | 1197 | 26 |
| 居家养老服务体系财税政策空间及顶层设计——基于上海市的实证研究 | 伍德安;杨翠迎; | 财经论丛 | 2015/02 | 1000 | 26 |
| 医养结合型智慧居家养老服务平台设计 | 侯玉梅;傅勖;高秋烨;崔研;徐日;梁萧; | 包装工程 | 2020/06 | 1814 | 24 |
| 基于疫情的互联网+背景下老年人居家养老服务系统设计思考 | 江加贝;李亦文;王祥; | 设计 | 2020/11 | 2815 | 22 |
| 基于互联网+的社区居家养老健康管理服务设计研究 | 李亚军;吴天宇;赵祎乾;杨瑞婷; | 南京艺术学院学报(美术与设计) | 2020/03 | 1861 | 21 |
| 面向居家养老的服务设计策略探究 | 余友杰;巩淼森;谷悦; | 设计 | 2017/04 | 760 | 21 |

图 0-3　居家养老服务设计学术关注度（来源：中国知网）

开展居家养老服务设计策略研究，有助于更好地拓展社会创新视阈下的居家养老服务设计新路径，搭建针对老龄化社会问题范围内的居家养老服务设计基础理论分析框架。从服务设计思维的系统性创新高度，丰富研究内容，提升研究价值。社会创新视阈下的居家养老服务设计研究，是在设计学、社会学、管理学等学科基础知识、方法和工具的跨界融合基础上开展的创新活动，是多学科、多领域的系统维度协同创新策略研究。最终所形成的策略，能够积极推动设计教育领域、设计行业产业领域对居家养老服务的关注、研究和创新，同时也能够对其他学科领域产生一定的促进、推动价值。

面对复杂的社会性和系统性问题，面对人们不断变化、发展的问题、需求、体验和价值，单个学科、单个领域开展的创新工作局限性越来越强。面临人口老龄化带来的巨大压力，我们需要采取更多的，更加科学、系统的策略和方法，开展更多的基础理论与策略研究。系统策略和原则同样也要应用到居家养老服务基础理论研究上，将不同学科、不同领域作为要素，将跨界融合作为联系，围绕解决老龄化带来的一系列问题和满足居家养老的老年人各类、各层次需求，作为系统的大目标和局部功能，积极开展协同创新，推动形成更有效的、系统性的居家养老服务创新策略。

设计的本质和核心任务不仅能够解决问题，服务设计所具有的创新性、系统性、全流程性和参与性等特征，又在为解决复杂问题提供更好的方法，不断满足用户需求、提升用户体验的基础上创造和实现价值。研究成果将为解决居家养老、为老服务等领域的重大社会问题提供参考，推动服务设计切实解决老年人群的生存和生活问题，满足不同老年人群基于居家生活情境下开展的行为活动的全方位、整体性体验，引领创新居家老年人的生活方式，推动老龄经济、老龄产业的发展，促进国家繁荣、人民幸福、社会稳定和生态可持续发展。

社会创新视阈下居家养老服务设计策略的研究，按照以下思路开展。首先，从社会创新的视阈，分析创新、设计创新与社会创新的基因逻辑，明确在我国社会创新的语境下，开展社会创新与居家养老服务设计创新的原则、内容及两者的契合逻辑。其次，从老龄化的基本内涵角度和社会系统生态平衡角度，分析人口老龄化社会问题的深层次系统原因，研究社会系统发展的局部目标和整体目标，明确开展居家养老服务设计创新的方向。再次，通过研究孝老、养老和为老服务的历史演变脉络，明晰养老主体发展变化的深层次谱系，明确开展居家养老服务的底层逻辑和传统道德观影响下的居家养老社会情境。通过对事与系统的目标、结构和秩序的耦合研究，明确服务设计与居家养老服务的系统机理和开展居家养老服务设计的系统性原则，明确开展居家养老服务设计的系统情境。继次，在“以人为中心”的基础上，分析问题思维、需求思维、体验思维和系统思维的不同内涵，研究各思维之间的内在紧密逻辑，明确服务设计的系统性、全局性和战略性创新思维特性。基于老年用户人群的特征和日常行为习惯分析，研究老年用户人群定位的策略，分析居家养老老年人群的情境，明确基于触点导向、需求导向和用户体验导向的居家养老服务设计目标定位的原则、路径和服务创新策略。最后，通过对用户研究到服务系统设计的逻辑导向分析，明确开展服务系统设计的流程、工具和可视化表达策略。在进一步分析居家养老服务系统的要素整合策略与要素联系方法基础上，最终形成系统性原则指导下的居家养老服务系统的设计策略和多视角的居家养老服务系统设计策略，形成基于居家养老服务系统设计策略的居家养老服务蓝图设计策略和可视化平台及触点产品的设计策略。

在研究方法上，主要采用了文献分析法、规范分析法、历史分析法、个案分析法和实证分析法。通过文献分析法，跨学科分析学界成果，研究整合不同学科针对居家养老服务使用的方法和工具，为实现服务设计的跨学科融合，多维度、系统性创新策略的形成，提供文献准备与智力支持；通过规范分析法，搭建研究的基础理论分析框架，在社会创新具体语境中进行居家养老服务设计问题的学理分析，进行居家养老服务设计问题和需求状况评估；通过历史分析法，对我国自古至今从家庭养老到养老服务的历史发展、框架体系和发展问题进行历时性梳理，发现居家养老服务设计可传承的历史脉络和深层次逻辑；通过个案分析法，对居家养老服务的特殊老年群体进行问题和需求状况评估，提供个案支撑，进一步完善居家养老服务设计创新策略的拓展性、可复制性；通过实证分析法，采取田野调查和深度访谈，为居家养老服务设计问题和需求状况评估提供定量研究数据资料。通过典型居家养老服务案例设计实践，验证基于服务设计系统性创新策略的结果，发现存在的不足和需要完善的方法和路径。

社会创新视阈下居家养老服务设计策略的研究，既拓展了养老服务研究维度，又从中观层面推进居家养老服务问题研究走向深化。目前国内对于养老问题的研究多是将老年人作为研究客体。在客体性视角下进行客观描述、外部观察和学理分析，并且存在强调国家政策、资金、制度以及环境等养老保障建设的倾向。本课题强调居家养老的老年人的主体性，从老年人的痛点、问题、体验以及需求层次多方面开展研究，运用服务设计思维，介入服务设计工具，整合社会系统要素和社会资源，实现养老服务的系统性创新，探索建立居家养老服务设计的策略体系。目前针对养老问题的研究，或追求宏大叙事和宏观理论建构，或聚焦个案分析和微观描述，缺失了中观层次的考察。本项目研究立足“社会创新”这一具体语境分析居家养老服务设计，是从中观层面运用系统化的方法推动该项研究走向深化的一种路径。

# 第一章

# 创新、设计创新与社会创新的基因逻辑

## 第一节　从设计创新到社会创新

### 一、创新的本质

创新有狭义和广义之分，狭义的创新基于经济学视角，是指在特定的时间、空间和条件下，把一种之前没有过的事物首次引入企业生产体系或社会经济系统中以获得收益的活动。广义的创新则是指对现有的对象进行改变、超越或创造。包括人类通过技术创新、制度创新改造世界，还包括人类通过思维创新、理论创新认识世界，也包括原始创新、集成创新以及引进消化吸收后的再创新。

创新的本质已经突破了经济学的范畴，上升到了政治学、教育学和哲学的范畴。哲学范畴的创新是辩证思维视角的创新，哲学范畴的创新进一步明确了创新的动力、创新的本质和创新的价值。创新的动力是人类这一创新主体的主观需求和客观历史条件的辩证统一，人类必须在遵循客观事物内在规律性的前提下开展创新。创新的本质是认识方式和实践的辩证统一，人类通过发现新事物或事物之间的发展变化规律来获得新认识、新知识，包括知识创新、观念创新、思维创新、理论创新和方法创新等。通过改变或超越事物的现存状态、属性和功能，来获得新的实践结果，包括技术创新、管理创新和制度创新等。①

创新是一种创造性的实践行为，是通过一定的思维模式，提出有别于常规、现有的方法、路径、策略和有形产品、要素，创造新的关系，改进、创造新的事物，即获得有益的、有价值的结果。创新是发展的动力，是驱动社会进步的有效方法。创新不仅是技术过程，还是一个技术与社会共同作用的过程。创新既是行动、策略、路径，又是目标，还是结果。

创新是马克思主义的重要品格和精神。② 习近平总书记指出："创新始终是推动一个国家、一个民族向前发展的重要力量，也是推动整个人类社会向前发展的重要力量。"③ 创新是一个系统工程，创新链、产业链、资金链、政策链相互交织、相互支撑。

创新总体可以分为技术创新、知识创新、制度创新（管理创新）、文化创新（思维创新、文学艺术创新）和社会创新等。知识创新是探索新规律、创立新学说并将知识应用于创新的过程，知识创新包括科学知识创新、技术创新以及两者的系统集成创新，知识创新可以创造新的世界观和方法论。技术源于科学，技术创新是指开发新技术或将已有技术创新应用，技术创新推动产品创新和产业创新。制度创新的内容是社会要素之间围绕其政治、经济和文化目标而设立的关系准则，支撑要素之间关系的产生和变更，激发创造性和积极性，推动形成新知识、新财富的产生和社会资源合理配置。制度创新就其效果而言，属于社会创新的范畴。当制度创新的导向变为社会目标或导致社会变革，就成为社会创新的一种形式。④ 文化创新指在人类改造客观世界的过程中，为了满

① 张维真．浅析辩证思维视角下的创新 [J]. 求知，2013(05):13－14.

② 刘建军．论马克思主义的创新精神 [J]. 华南师范大学学报（社会科学版），2018(03): 74－79,191.

③ 覃川．创新发展的理论意义和实践要求 [N]. 经济日报，2017－07－21(013).

④ 纪光欣，覃欣．当代创新理论从技术创新向社会创新的"范式转变"[J]. 管理工程师，2017,22(04):33－36.

足社会生活和实践发展需要，针对物质表象和精神内在（精神生产能力和精神产品）而开展的传承和创造过程。

## 二、设计的本质（设计与设计创新）

设计是运用创新思维、艺术思维、联想思维、系统思维等思维方式，借助技术手段和媒介，基于特定的人群需求，受限于不同的情境（时间、空间、文化背景、民俗传统、情绪），以解决用户生存和生活的问题、满足需求、提升体验、创新生活方式、实现个人的价值和以提升产品或服务的价值（艺术附加值等）、更有效高效地传递信息和掌握知识、实现企业的价值、创造社会价值等为目标，系统解决信息传播问题、衣食住行等生活问题，以及企业发展的问题、社会发展问题、人与自然的关系问题等。设计是从抽象到具象的过程，是把承载功能的虚拟形象，运用一定的艺术手段和技术手段变为实物的过程。设计是整合相关文化、艺术、技术、历史等资源，创新要素关系，使之成为实物产品或服务行为的过程。

设计的本质是一种创新实践，是一种实现需求的规划和实践。设计是一个有目的、有针对性的创造性实践，创新是其重要的特质。设计也是一个将不可见的思想、方案或计划借助一定的艺术和技术表达手段使之物化、可视化、动态化、可交互的过程和结果。设计越来越重视艺术与技术的结合、传统与现代的融合、社会要素之间的关系与影响。

设计创新首先是一个探索问题、发现问题、定义问题、剖析问题成因、构思问题解决方法的科学、逻辑过程。设计创新也是一个满足需求（基本功能需求、精神需求、体验）、解决问题、提升体验、创造价值、创新生活方式的系统性创新。设计以用户为中心开展创新（不同人群、不同情境下、不同层次需求），会随着用户人群的变化或用户自身的需求变化而开展不同的创新实践。设计创新离不开技术支撑，设计创新会受到技术的创新影响而开展创新。设计的目标就是满足需求（不同情境、多层次、功能使用方式与外观、物质与精神需求）、解决问题（可见的和不可见的、个人的和社会的、人的生存与自然生态）、提升或创造价值（产品的商业价值、个人的社会价值、企业的社会价值）、创新体验、创造新的生活方式。

设计属于系统性创新，它将科学、技术、艺术、文化等作为系统要素整合到一起，综合运用理性思维、感性思维和抽象思维，创新要素之间的连接关系，达成解决问题、满足需求等功能型目标和体验型目标。缘于系统性的特征，设计创新也要保持系统性思维特征。系统性思维特征包括全面思维、深层次思维和动态思维，即深度、广度和角度。整体性是系统的最根本属性，全面思维也是系统性思维的首要特征。深层次思维，就是不只停留在事物的表面，而是要透过表面发现其本质，明确潜藏在事件和趋势背后的结构。动态思维就是不局限于静止的片段和侧面，而是要明确发展的动态，预见可能的变化和结果，更是从表示因果关系的线性思维转变为因果互换、要素互联的环形思维。服务设计属于设计范畴的一种系统性创新思维方式，它以用户为中心，以系统性解决用户问题、满足用户需求和提升用户体验为目标，运用系统的方法有效连接政策、管理、人力、物资、资金、信息等各项要素（社会资源），各要素之间紧密联系、相互作用，构建产品、软件和服务平台多种形式为一体的服务系统。①

在系统范式中，设计被看作是动机，其所关注的不仅是事物运行的动态和动力，还包括目的，这种目的就是系统存在的原因。作为实践，设计要做的是实现这一目标的方法和预期结果的性质。设计是全面的，它把所有的因素都考虑到决策制定的过程中，综合的、全面的设计是可以预想的，其着眼于现有的数据和事实并继续做出推断，利用其创造的一些未来构想，将新的内容添加到自己身上。②

---

① 宋瑞波，郑蕾，荆鹏飞．基于用户体验的居家养老服务设计系统性研究 [J]. 设计，2022,35(12):106－108.

② ［美］维克多·J. 帕帕奈克．为真实的世界设计 [M]. 周博，译．北京：北京日报出版社，2020：441.

清华大学教授柳冠中先生认为，设计是一种战略，是人类的第三种智慧。设计属于创造行为，是创造一种更为合理的生活方式。设计作为一种生产关系，它不断推动人类社会的经济、科技、文化、教育和社会结构转变，它属于整合与集成创新。①

中央美术学院设计学院许平教授认为，设计究其根本意义而言，是一种“人与理想世界的现实关系”的构建。设计本身是不能创造什么的，它所能做的就是提供人与外部世界交互相处的一种可能性，一种改变生存方式的建议和隐藏在其中的某种创造性的态度。设计可以做很多事情，但如果真正要做到“创新驱动”，就需要设计师站在先进生产力的最前沿。设计本身就是创新驱动，设计是创造性思维，其不受任何限制，具有确定性的特征。设计必须和相关的平台、应用领域在一定的条件下相互结合。设计本身是没有具体的应用和转化的必然性的。所以，设计如果不能与具有强大和战略性的科技结合，其所能做的事情就有限，就不能成为先进生产力，也不能够符合时代对设计的要求。②

湖南大学何人可教授认为，设计本质上是一种服务，将消费者还没有意识到的潜在需求挖掘出来，让消费者在看到产品后，连声惊叹。他认为：“任何一种服务的最终目的，就是要给消费者带来全新的消费体验。要想让消费者得到最好的体验，包括硬环境和软环境，这些都需要进行设计。设计，是一种强有力的竞争力。”设计是一个极具综合性的宏观概念，是要创造出更高标准的生活品质，让人更好地享受生活。因此，设计要挖掘出人家还没有意识到的市场需求，要让消费者在看到产品后，连声惊叹，但这需要有一种前瞻性目光。设计师应该具有一个重要的品质，就是既具有国际视野又能够注重与本土文化元素有机结合。③设计师是为提升人们的生活品位而存在的，这是我们任何一

---

① 柳冠中．中国工业设计断想 [M]. 南京：江苏凤凰美术出版社，2018:270.

② 许平．设计师要站在先进生产力的最前端 [J]. 设计，2019,32(02):78－79.

③ 张朵朵，谢慧玲．国际化、数字化视野下的中国工业设计教育——何人可教授访谈 [J]. 装饰，2019(05):40－44.

个设计师都需要具备的基础素质，即设计是为人服务的，设计为人类创造美好的生活。

同济大学娄永琪教授认为，设计是某种程度上的“经世致用”之学，设计的发展与政治、经济、科技、文化、社会、环境紧密相关。只要人们具有对美好生活的向往，设计就有价值。当技术发生变革、经济发展、文化繁荣的时候，设计学科也同时会得到较大的发展，设计的范畴、角色、价值、方法、工具也在这个过程中不断地变化。[①] 设计是创新设计，创造力是一个国家软实力的体现。真正的突破性创新实现，需要全民具备一定的技术素养和设计素养。中国设计发展关键在于把设计变成全民的创新思维和能力的一部分，如同“互联网 +”“人工智能 +”一样，做大、做强“设计 +”。从产业角度看，整个产业链首先要做的工作是设计，设计不仅与产业链条上的每个局部产生关系，更是多学科、多专业整合的思维模式。与问题、情境、文化、价值、思路、做法、作为等相关的设计都属于设计的范畴。他认为，设计驱动社区创新，主要指用设计思维来进行整合，将设计与科技、创意和商业模式充分整合到一起，才能创造、引领未来的需求。还会通过满足、提升和创造需求层级来倒逼技术创新，推动创新创业的发生，促进产生新的业态、新的经济和新的模式。社区是最接近问题、消费和需求的场所，社区有可能成为一个重要的环境，在这个环境中通过“用户驱动的创新”“自下而上”地聚焦“需求”改革“供给”。问题、知识、需求和人才的高度结合，就是社区与其他创新生态系统的最大区别和优势。因此，可以把社区当作一个协同创新实验室和地域持续创新的发生器。[②]

南京艺术学院何晓佑教授专注于人类问题的中国式解决方案的设计研究，认为全球性的问题是超越国家和地区的界限、关乎人类生存与发展的问题。这些问题一般是世界性的、复杂性的、综合性的，极其具有挑战性。包括环境问题、生态系统问题、能源问题、安全问题等。全球性问题需要世界性的合作，

① 娄永琪．娄永琪：设计，永远在路上！[J]. 设计，2019,32(04):76－78.

② 同①

中国作为负责任的大国，不能只关注本国问题，只关注企业的“当下”问题，不关注人类共同存在问题的解决方案。比如，非洲一些国家和地区缺水缺电，高原地区的包虫病问题，等等。世界是处在不断变化中的，工业化时代的设计就是解决问题的本质，正快速向信息时代的“设计是创新生活”本质转变，设计不再仅仅关注产品及其使用功能来满足人们的需求，更重要的是要体现出设计对象的内在意义。[①] 包括连接社会系统、传递人文情感、提升服务品质等。在 20 世纪最具有影响力的产品设计企业——意大利的阿莱西公司，把原来的生产功能性的产品定位，转换成为家庭创造革新的、多彩的、巧妙的，并且非常实用的产品，将厨房用品转变成为厨房文化。在这个过程中，设计作为一种特殊的创新手段，为产品增加了内在的意义。技术作为产品设计的内生动力，它解决了产品的功能问题，创新了产品的外在意义。技术创新作为产品创新的一种内生动力而存在，但是如果我们只将工作重心放到技术上，只关注物与物的关系，仅仅用新技术来取代旧技术，最终却忽视了产品的内在意义，那么产品实际上就没有完成创新的全部价值。[②]

从某种程度上说，产品的外在意义是为了满足人们对物质的使用需求，而产品的内在意义却是满足人们的精神需求。或者是一种情感，或者是一种体验，或者是一种方式，也可能是一种品质的意义。只有同时关注到人与物的全部关系，产品才能够真正进入创新的状态。在其中，文化起到了产品内在意义的诠释作用，成为产品创新的另一种内生动力。它的外在形式往往以艺术形式来展示和表达，它既与技术创新合作解决了我们生活中的各种问题，同时也提升了人们的生活品质。消费者需要的是更具有内涵意义的产品，来满足自身对服务与体验品质的需求。设计师要一直站在用户的前面，不断通过创新的形式

---

① 赵庆佳 . 构建中国工业设计教育的“先进性姿态”——访谈南京艺术学院教授何晓佑先生 [J]. 设计艺术研究，2020,10(02):1-3,22.

② 何晓佑 . 创新产品的内在意义——中国传统设计思想当代应用的研发路径 [J]. 南京艺术学院学报（美术与设计）,2019(06):4-6,209.

来引导用户，实现更健康、更幸福的生活。要研究用户，但不能以用户现有问题的解决为单一目标指向，还要在不断创新产品内在意义的基础上，为用户创新更好的生活方式，提升生活品质。

山东工艺美术学院董占军教授认为，设计应该秉承为人民而设计的使命。设计面临文化、技术、商业等众多社会系统要素的联系和整合，具有突出的多学科交叉属性。设计应该把产业需求作为导向，把多学科交叉作为主体，将实践创新作为前提，与当下的社会热点、经济热点充分融合。设计与国家重大战略的发展密切相关，在智能制造、乡村振兴、人口老龄化问题应对以及可持续发展战略中，都发挥着积极、有效的促进和提升作用。在学科交叉大背景下，设计的知识体系将科技与艺术更加紧密地联结起来，形成了具有包容性、综合性、交叉性的全新面貌。①

南京艺术学院张凌浩教授认为，设计是人类创造性的物质文化行为，创新是设计的本质，创新是国家和民族综合国力与文明程度的重要指标，自主创新是设计发展的核心。今天，我们所处的时代是一个高速发展的时代，文化、人工智能等新技术以及新的商业模式等无论对于中国制造还是中国设计，都将是一个新的机遇和挑战。② 一方面社会及商业的广泛转型为设计带来了新的介入机会；另一方面信息技术与智能硬件等创新也使设计进一步向技术层面拓展。因此，要敏锐地洞悉到经济、产业及科技的趋势与机遇，推动设计与科技、文化、商业、创业等创新要素的深度融合，在设计创业、设计战略、设计科技、设计商业、设计服务及设计文化的多个领域进一步加快设计理论研究、人才培养与产业实践。

武汉理工大学艺术与设计学院陈汗青教授认为，设计要从人类、国家的

---

① 董占军，乔凯，石琳.2021 中国设计学：从学科发展到服务国家战略与国计民生[J]. 山东工艺美术学院学报，2022(02):4-11.

② 张凌浩.张凌浩：中国工业设计个案的整理与反思—认识与跨越[J]. 设计，2019,32(24):87-89.

发展战略角度去思考，其远超艺术所带来的独特视角，更需要从人类命运共同体的宏观视角，做普适性的设计思考。推进人类可持续发展是设计师的崇高使命，应结合国家重大战略需求，拓宽视野，聚焦方向，把握机遇与设计的五要则，构建自身优势，推进可持续发展，意义重大。以绿色、共享、开放和人工智能为特征的系统设计，将重塑设计的生态，将领跑中国设计方案的变革。①

意大利米兰理工大学管理学院与设计学院教授罗伯托·维甘提在《第三种创新》一书中提出，创新动力分为三种：第一种是技术推动的创新，第二种是市场拉动的创新，第三种是设计驱动的创新。② 纯粹的市场创新不会产生突破性创新，真正的突破性创新往往产生于技术推动和设计驱动的交集部分。

## 第二节　社会创新概念特征及内容界定

### 一、社会

社会是由众多相互产生关系影响的要素组成的系统，社会是特定环境中的生物、环境的集成，是生物之间、生物与环境之间产生各种关系的共同体，是一种相对稳定的结构。社会是一个有机整体，是经济基础和上层建筑的统一体，社会即社会形态。社会也泛指由于共同社会资源条件而互相联系起来的人群。

社会关系是指社会个体之间各种关系的集合，社会关系是复杂的，包括个体与个体的关系、个体与群体的关系、个人与国家的关系，还包括群体与群体

① 陈汗青．陈汗青：创新设计是知识网络时代的工业设计升级版 [J]. 设计，2019, 32(02):72－73.

② 向迪雅．设计驱动型小微企业的设计模式研究 [D]. 湘潭：湖南科技大学，2022.

的关系、国家与国家的关系，处在社会中的个体会与众多其他群体形成关系。社会活动是指人类按照一定的文化模式开展衣食住行等本能活动，并与他人产生关系影响的活动，泛指以他人为对象、旨在达到预期目标的个人或群体的有意义的行为，共同利益是社会产生、存在和发展的条件之一。

## 二、社会创新的概念

社会创新是由个人或社会组织发起，通过社会组织内部或社会组织与政府、企业多元合作，以创新的方式和创新理念来协同推动的社会活动，最终促进社会发展的一种机制。①

社会创新是以知识创新、技术创新、制度创新（管理创新）三种创新为基础，三种创新有机融合，有效推动社会关系的创新，并影响三种创新不断发展的一种策略。

社会创新就是社会系统的要素创新或要素之间关系的创新，社会创新本质上是社会系统的创新。社会创新针对的主要是自然环境系统和人文环境系统发展过程中的问题和挑战，其属于自然科学和人文社会科学的综合范畴。社会创新包括目标、行动（方法、策略、方式）和结果，即围绕社会目标，构建全新的社会关系。社会创新是一种系统性变革过程，相关组织、个体使用系统性方法，对社会系统的创新。② 社会创新主要指社会关系、结构、要素的变革。社会关系、社会结构、社会要素的创新不是最终目标，而是路径，目标是要通过以上创新实现社会进步、可持续发展、社会公平、人民幸福。社会创新表现为组织形式的创新、社会参与机制的创新、社会资源配置效率的提升、社会服务

① 纪光欣，张为娟. 论社会创新的实践发生与理论缘起 [J]. 山东行政学院学报，2017(02):39－45.

② 陶秋燕，高腾飞. 社会创新：缘起、研究脉络与理论框架 [J]. 外国经济与管理，2019, 41(6): 85－104.

方法的创新和社会价值观的倡导等。[①]

社会创新是一种解决社会问题的新方法，它所创造的方案更有成效和可持续，其创造的价值最终归属于整个社会，非个人独享。社会创新是一种能够实现社会目标的新思维，它主要包括产品、服务和模式。它能够创造新的社会关系和合作模式，有益社会的发展、变革、可持续发展和公平。社会创新以“是否增加社会福祉”“是否针对社会问题和社会需求”等创新的动机作为标准。[②]

界定社会创新的三个基本条件分别是：满足社会需求解决社会问题，创新社会关系和创造新产品、新服务和新的解决方案。[③]社会创新是一种开放式的创新范式，是由政府、商业企业、非营利性社会组织、个人等共同参与的，将各自具有的创新能力和掌握的资源进行有效整合、合作，针对复杂的社会问题，协同创造出具有突破性的解决方案。社会创新是一种合作式创新，通过创造全新的社会合作关系来满足社会的需求，作为解决社会问题的新思路、新路径、新想法和新策略，社会创新是产品、服务、模式的组合。[④]社会创新是政府、企业、第三部门或公民个人单独或合作，通过合作，创造性地整合利用社会资源，通过新的途径或方式来解决社会问题或满足社会需求的实践过程。[⑤]社会创新是一种自下而上的、众多公众参与的、自发的创新模式。由公民、政府、企业、高校和科研院所、社会组织等社会行动者发起，为了达到解决相关社会问题和满足社会需求的目标，围绕社会组织的形式、社会参与的机制、社

---

① 马庆钰.改进制度供给是社会创新的关键[J].理论探讨，2017(02):133-137.

② 曹阳，苏赞.社会创新理念下的社区居民资源共享模式设计[J].包装工程，2018,39(06):145-149.

③ 纪光欣，纪晓青.从一元自主到多元合作——当代社会创新的“主体间性”转向[J].安徽行政学院学报，2017,8(05):96-100.

④ 杨先艺，王乔萌.“和实生物”视角下的社会创新设计[J].包装工程，2021,42(16):72-78.

⑤ 赵环.社会工作与社会创新[M].上海：华东理工大学出版社，2018:39.

会资源的配置、社会服务的方法和社会价值的倡导等，共同实施的创造性活动。[①] 社会创新是一种进步性创新，需要借助一定的制度环境。

社会创新兼顾公益性和商业性，好的社会创新是社会价值和商业价值的共同实现。经济学视角的社会创新，以改善社会福祉为目标。利益相关者共同参与，围绕（针对）面临的共同挑战，寻求有效的解决方式。社会学视角的社会创新是通过改善社会关系（从管理到治理）、提高公众（尤其是弱势群体）参与度，来满足人类尤其是弱势群体的需求，并增强他们的社会政治能力，增加他们获取资源的途径。管理学视角的社会创新是为实现社会目标而实施的有效的新创意、新方法（更有效、有用、持久、公平），其价值服务全社会而非个人，其效用是衡量社会创新的标准。[②]

## 三、社会创新的特征

社会创新具有社会性、创新性、有效性、多元性、系统性、广泛性、参与性、共享性等特征。

社会创新首先突出的是其社会性，包括主体社会性、对象社会性、目的社会性和机制社会性。主体社会性是指社会组织、政府、企业的“多元主体”；对象社会性是指关注解决社会问题和社会需求，重点关注社会普遍性的、整体性的问题和需求，有关社会福祉；目的社会性是指社会绩效的改进和社会价值的创造，创新内容包括社会组织形式、社会参与机制、社会资源配置方式、社会服务方法以及社会价值导向等；机制社会性是指社会组织、政府、企业及个人之间的合作关系。[③] 社会创新是为支持社会进步，针对系统性的社会挑战和

---

① 陈健，杨培培，陈志．我国促进社会创新的政策现状与问题分析 [J]. 全球科技经济瞭望，2021,36(02):65－72.

② 郑琦．国外社会创新的理论与实践 [J]. 中国行政管理，2011(08):71－75.

③ 纪光欣，章欣．当代创新理论从技术创新向社会创新的“范式转变”[J]. 管理工程师，2017,22(04):33－36.

环境挑战而部署的一种有效解决方案。社会创新是一个发现解决社会问题，推动社会进步的过程，是目标方法行动的统一。

创新性是指新思维、新路径和新方法，区别于改进性、增量式的改变。社会创新是一种模式创新，其用不同方式将要素、条件进行全新的组合。社会创新是一种起作用的新想法，主要为实现社会目标开展的创新性的活动或服务。社会创新是一种社会问题导向的创新，一种社会需求导向的创新，一种基于未来思维解决当下问题的策略。

有效性是指在行动上、项目的实施上更能落地并具有高度的可复制性。社会创新因其自下而上的路径，会在实践中不断积累经验、不断发现不足，并进一步修改、迭代和完善，保障了行动和项目实施的有效性。

多元性是指实施社会创新的主体多元。多元主体合作的形式包括蜜蜂型和大树型。蜜蜂型是指小型组织、团体和个人作为发起人或参与方，怀有社会美好的愿景，通过某一想法开展的有益社会的行动，这种形式灵活、广泛、落地性强、可复制性强。大树型是指由大型组织、政府、公司以及大型非政府、非营利性组织发起的创新活动，在资源方面具有优势，实现能力较强。

系统性是指社会创新具有“社会”属性，主要关注经济发展、生态环境、制度规范、价值观念、社会大众、风俗文化等社会问题，而这些问题无一例外都是系统性的问题。社会创新实质上是社会系统要素及要素关系的创新，人与人、人与组织、组织与企业、企业与政府等等。社会创新能够让参与主体之间持续产生各种关系，包括利益价值观、知识资源等。

广泛性是指利益相关者的广泛性和目标影响的广泛性。社会创新由众多利益相关者参与，包括商业企业、社会企业、政府部门、非营利性组织、公民个人等。

参与性是指基于关系创新，社会系统中各要素尤其是利益相关者积极参与，利益相关者既是受益方又是服务方，既是实施的主体又是接受的主体。

共享性是指社会要素自身的人力劳动和要素占有的物资、信息的共享，将个人独占的、具有产权的资源作为共有资源，在一定程度上实现了公平，为要素找到了在系统中的存在价值，也避免了资源的过度生产和浪费。

## 四、社会创新产生的背景

世界发展到现阶段，面临着众多的社会性问题、全球性挑战以及人的广泛性多层次需求，包括老龄化、贫富差距、全球气候变暖、就业、环境污染、碳排放、移民、暴力等。

工业化和市场化加速推进不断提高人们的需求层次和需求多样化，也增强了人们的权利意识，对政府、企业和组织提出了更高要求。加之 20 世纪 90 年代以后全球扩展的现代性，引发了社会问题的复杂性和社会需求的多样性，社会组织和全球性革命崛起，人们产生了对解决社会问题的方法的紧迫感。工业化进程催生了社会问题，社会问题的解决方法需要社会创新。工业生产体系的技术创新向社会领域转变，管理创新以“开元式创新”的形态，不断超越技术创新的范畴。随着信息社会的转型（工业社会到信息社会），由对工业产品的需求，转向工业产品承载的服务信息的需求，即从有形的、物质的产品向无形的、虚拟的服务转变。

全球和区域的复杂性、多边性，提高了问题的挑战度。环境污染、贫富差距、人口结构失衡等问题都是系统性的，解决问题的方法就需要系统性的方法。单一的问题（政治经济和文化角度）解决方案不足以实现问题的解决，管理创新、技术创新已满足不了创新的要求。[①] 传统的产品服务等创新方法难以彻底、有效地从根本上解决这些问题或满足这些需求。

过去 20 年，利益相关者对企业的期望发生了改变，从“避免为社会带来负面影响”到“主动积极解决社会问题”，企业的“社会绩效”成为企业可持续发展的关键，所以，越来越多企业把“社会创新”视为可持续发展的动力，

---

① 范钧，边眺，张元强 . 顾客在线参与企业社会创新研究述评与展望 [J]. 科技管理研究，2021,41(23):20-28.

将预期的社会绩效作为企业创造共同价值观和社会创新的机遇。① 企业越来越重视社会创新的价值（社会责任），GE、惠普、沃尔玛纷纷设立社会创新部门，了解市场需求并及时抓住潜在的发展机会，增强企业品牌的社会、环境价值，这为企业参与社会创新创造了可能。我国也提出了建设创新型国家的重大战略决策，2006 年，全国科技大会提出自主创新、建设创新型国家战略，国务院颁布了《国家中长期科学和技术发展规划纲要（2006—2020 年）》，在社会领域要加强和创新社会管理。②

## 五、社会创新的价值与意义

社会创新的目标最重要的是能够产生社会价值，实现的是社会责任和社会功能。社会创新区别于产品创新和管理创新的商业价值和企业效益。社会创新通过发现社会问题和新需求，发现、整合新资源，运用新技术，开发新工具，合理配置和优化整合资源，最终实现社会发展的公平、高效以及可持续发展的目标，创造社会价值。

社会创新是政府治理行为、市场行为的有效补充，有效推动了制度创新进步，实现广泛、公平的服务，提升生活质量，提升企业效益。社会创新在一定程度上能够弥补政府与市场失灵，解决社会问题、满足社会需求，更好地解决社会主要矛盾、助力社会发展。社会创新增强了政府、企业、公民、社会之间的跨部门合作，交换理念和价值，转变作用和关系，整合个人资本和公共慈善支持，形成更好的、全新的产生社会价值、解决社会问题的方法，有效推动了与政府部门、精英人士的关联，创造了资源和机会。

社会创新能够增加人与人之间、人与组织之间的有机连接，即社会系统

---

① 林洁珍，黄元山．从企业社会责任到社会创新：发展和伦理问题 [J]. 伦理学研究，2018(06):92－97.

② 马颂德．努力实现“十一五”能源科技发展宏伟蓝图 [J]. 中国科技产业，2006(02):146,1.

要素的有机连接，增进社会关系。提升个体生活质量（产品、服务）和社会关系，增强个体创新意识和社会使命感。实现社会价值的最大化，实现社会的更公平、更有效和更可持续。创造和增加新的社会价值，是一种“帕累托最优”①，一种资源的理想分配方式。

社会创新通过发现新资源或者提升现有资源的利用率来创造和增加更多价值，使更多人受益。社会创新最终能够实现社会关系的增加和增进，促进形成更好、更多维、更有机的美好社会。社会创新在民生、生态环境、公共服务、扶贫、救助、养老以及教育等社会领域能够发挥重要价值。

社会创新能够创造社会共享价值、社会福利，创造社会价值大于私人效益。提升组织绩效和组织竞争力，包括营利性组织和非营利性组织。利益相关者参与，增加了企业合作创造、推动商业模式创新的机会。越来越多的企业，越来越重视企业与社会的密切联系，充分认识到创造社会价值、推动社会发展对企业发展的重要意义。将承担社会责任、关注社会公平、保护生态环境等作为重要导向和内容。将社会创新作为企业履行社会责任的新途径，并通过社会创新创造更多商业机会。

社会创新能够透过“社会影响力评估”为政府、商界提供量化和明确效益的工具，透过“整合大机构资源”，对技术进行转化，透过“能力建设”提升社会创新和创业的实力。

随着社会问题成为创新领域研究的重要内容，社会情境也成为研究的重要趋势。越来越多的企业在考虑自身的经济效益的同时，也开始关注社会发展中遇到的问题，关注自然生态环境的可持续，关注人类生活的健康、平等，成为有社会责任的企业变成了众多企业的定位和发展目标，帮助用户个人实现自己的价值和为社会创造价值，企业在不断开展管理创新、技术创新的基础上，开始关注社会创新，以为人们创造更好的生活方式和实现健康、自由、平等为根

---

① 姜岩，姜馨田，王干．帕累托最优视角下高校房产资源配置机制探究 [J]. 合作经济与科技，2023(19):70－72.

本目标，在此基础上又提出了新的产品创新和新的服务创新。[①] 开展社会创新是企业的价值创造工具，企业的社会责任本质上是对企业的利益相关者的责任，利益相关者强调的是企业的社会属性。企业与利益相关者密切融合，形成互为影响的利益集合体，并通过创新产品、缴纳税费、环境保护和价值增值来承担社会责任。

## 第三节　社会创新的视阈及我国社会创新的语境

### 一、社会创新的视阈

社会创新的视阈是指社会创新范围的界定、服务目标的界定、要素的限定性以及要素关系的界定。社会创新的要素主要限定在民办、非营利、公益、志愿、社会企业、爱心人士，还包括其他有强烈社会责任感的企业与个人，以及各类不以营利为目的或不作为核心目的的行为实施主体。要素关系的界定主要以资金服务流向和价值实现来确定系统的商业性或公益性。社会创新要将系统的目标界定为以人的利益为核心，以个人价值的实现和社会价值的创造为主，而非以创造商业价值为主。

中国的社会创新是在中国共产党领导下的、中国特色社会主义制度和国家治理体系下的社会系统的关系创新、要素创新和目标创新。开展社会创新的目的是为人民创造更好的生活，中国的社会创新需要遵循中国特色的社会治理论

① 高腾飞，陶秋燕，周平录，等．企业社会创新与企业价值：知识产出的中介效应[J]．科技管理研究，2021,41(15):11－19.

范式、话语体系。①

开展社会创新的根本目标是优化和提升社会系统中各个要素的关系、补充社会系统的要素和推动实现社会系统的目标实现，所形成的成果能够有效提升社会治理效果，实现中国特色社会主义制度体系持续优化、更加科学严密，将中国共产党人民至上、以人民为中心、全心全意为人民服务的宗旨高质量实现。②

## 二、我国社会创新的语境

我国社会创新环境还不健全，社会组织发展相对滞后。社会组织的规模相较于发达国家还有很大差距，社会组织创造的 GDP 与我国经济的快速发展不够匹配。在社会责任承担方面，中国企业承担力度不大，积极性和主动性不高。较少企业将改善人民的福祉和创造社会价值作为企业的经营理念、企业价值观。在制度上，国家也注重推动社会组织和社会企业推动社会创新的重要作用，但在政策环境和市场环境上还有明显不足。我们习惯上将政府作为开展社会创新解决社会问题的单一路径，但是随着社会问题越来越复杂，越来越多元，政府在解决这些问题方面难度越来越大。

在现实生活中，政府通过政策、资金、权力等手段和资源，开展实践来创造社会利益，企业通过生产和服务来获取经济利益，社会组织则通过活动为社会大众创造社会效益，自下而上驱动社会创新，三者各负其责、相互联系也相互制约，社会创新的主体呈现三元主体状态。

近几年，随着社会组织的不断发展和壮大，政府开始通过政采这一形式，让越来越多的社会机构、非营利性组织开始参与其中，社会企业也开始如雨后春笋般诞生并崭露头角，开始在社会创新过程中发挥重要价值。

① 张锋．中国社会治理：语境、演进、特征和展望 [J]. 中共中央党校（国家行政学院）学报，2020,24(06):71－78.

② 任理轩．制度自信何以更加坚定 [N]. 人民日报，2022－09－28(09).

# 第四节　社会创新与居家养老服务设计的逻辑契合

## 一、社会创新与服务设计创新的内在逻辑分析

社会创新和服务设计创新都属于系统创新，其针对的创新对象具有较高的系统特征，创新方法都是围绕系统目标进行系统要素的整合和要素关系的丰富、拓展和完善。

社会创新本质上是社会系统的创新，按照系统的特性分析，社会创新可以分为社会目标的创新、社会要素的创新和社会关系的创新三方面。社会创新的开展需要改变的是系统要素的关系，将以商业利益为核心的关系，转变为以社会利益、社会价值、生态可持续为核心的关系，商业利益不再是唯一的利益关系。

服务设计是一种系统性的创新思维，其关注全过程的服务、全触点的整体行为，全方位解决问题痛点、满足需求、提升体验和创造价值，服务设计的开展是以人为中心的，不仅仅是用户，还包括服务的提供者、实施者和参与者，涉及服务系统的每一个人的利益都需要被关注到。服务设计的最终目标，是为用户、利益相关者和服务的提供者创新生活方式，创造全新的流程，为企业和用户创造个人价值和社会价值。

## 二、社会创新的特性与居家养老服务的价值

从社会创新的社会性特征看，社会创新可以推动居家养老服务设计的主体更加多元，这有助于服务系统的健全和服务资源的丰富；从社会创新的创新性特征看，可以推动居家养老服务设计不断实现模式的创新，不仅仅是解决问题、满足需求和提升体验，还能够有效提升和创造价值，最终创造更多的生活

方式；从社会创新的有效性特征看，可以保障居家养老服务设计的有效落地，并能够在不断完善的基础上不断迭代，实现项目的大面积复制和推广；从社会创新的多元性特征看，可以帮助居家养老服务设计整合更多的社会资源，作为养老服务系统中稳定的要素，不断输出各种服务内容，推动系统的高效运转；从社会创新的系统性特征看，社会创新关注的是系统性的社会问题，居家养老服务是针对老龄化社会问题开展的有效服务策略，二者具有高度的系统一致性；从社会创新的广泛性和参与性两个特征看，居家养老服务有众多的组织、机构、个体参与，作为利益相关者在服务系统中发挥重要作用，既能够从中满足自身需求，又能够在服务系统、服务旅程中成为重要的影响因素。

## 三、社会创新、服务设计有效推动构建居家养老服务的逻辑契合

居家养老是我国目前存在的一种重要的养老模式，是相对于机构养老和社区养老而言的。居家养老是指以家庭固定房产（也可以是租赁房产）为主要生活空间和环境，以家庭关系、邻里关系为核心关系构成，老年人可以根据自己的习惯和生活方式，自由出入、自由安排时间、不受客观条件限制的一种生活方式。家庭所在社区的社会资源都可以与家庭充分融合，对老年人无限制、无歧视，生活内容较为丰富，家庭关系和邻里关系不做改变，居家养老是大部分老年人选择的一种生活方式。居家养老这种形式具有一定的局限性，也会产生较多的生活需求以及一定的社会问题，对资金、物资和服务的需求较为特殊，其产生的社会问题也较为复杂且影响较大。居家养老涉及的社会资源较多，对养老服务的系统性要求较高，单方面的资金、物资、信息和人力劳动难以达到要求，因此需要众多社会资源的整合，需要更多社会系统中各要素之间关系的创新。

社会创新视角的居家养老服务，是公益与商业利益的平衡和兼顾。社会创新的限制性情境，则能够将居家养老服务的纯商业性和政府的公益性范畴，拓展到不以营利为主要目的的社会性。服务设计所具有的系统性特征，成为较好

地解决居家养老社会问题和满足居家养老复杂需求的优良策略。

资金、物资、人力、信息等服务内容或生产生活要素供给的来源性质，商业利益、社会利益的合理兼顾，决定了服务系统的社会创新特性。基于这些特性开展居家养老服务设计，可以有效整合资源，达到不以谋利为主，同时又能够兼顾企业发展，保持社会要素参与服务系统的积极性和服务系统发展的可持续性是尤为重要的。

社会创新、服务设计和居家养老服务的三者契合，最终实现的是社会系统的健康、可持续发展，企业商业利益、社会价值的共同实现，个人的需求、体验与价值的全方位提升。

# 第二章

# 孝老、养老、为老到居家养老服务的谱系

## 第一节 对“老”和老年人的深度分析

“老”，首先是一种客观上的生理状态，其次是一种主观上的心理状态。是相对于小、少、嫩、年轻、新等而言的一种状态。“老”，也是年龄上的阶段划分，是在综合分析人的生理状态和心理状态以及能力的基础上划分出的。“老”与“旧”“缓慢”“跟不上的”“太大”“经常”“即将消逝的”在意义上是相通的。但同时，“老”也是有“经验的”“知识丰富的”“有影响力的”“经常性的”“习惯性的”，如“老同志”“老手”“老资格”“老搭档”“老伙计”等。

“老”也含有“变老”“老化”的意思，是一个时间概念，是一个过程。即一个人的生理状态逐渐老化，独立完成一件事的能力变得越来越弱，越来越需要他人提供帮助。另外，也是由于主观和客观原因，也指一个人的社会价值越来越低，逐渐失去原有的社会关系、社会地位等。

“老”主要还是年龄节点和阶段的划分，是相关组织根据人类生理状态的普遍规律而相对应划分的年龄节点和阶段，这一划分标准与生理状态不是完全符合一致的，即按照年龄被划为老年人的群体，生理状态不一定就会相较中青年人差。关于老年人群的划分和标准，全球有不同的标准。我国国家统计局在

对人口进行统计时，按照年龄范围将65岁以上人口归为老年人。《中华人民共和国老年人权益保障法》规定，老年人是指60周岁以上的公民。[①]联合国给出的老年人的标准，起点一般是60岁或65岁，世界卫生组织则把60岁以上人群划分为老年人。

“老”是一种自己主观的认知、心理感受。“老”是一种在生理年龄达到一定年龄后，心理预期与现实之间存在的差距感。“老”是“心有余而力不足”这一生理状态发生变化后，对目标、需求难以达到而产生的失落感。“老”是工作状态、生活状态发生变化后，与自己年轻时状态或当下的年轻人的状态对比之后产生的心理差距认知，是与社会生活之间产生的不适感、无助感、失落感、落后感。“老”既是一种他人的主观认识，也是对一个人生理状态、心理状态的直接评价，还是对一个人各方面能力的否定，更是一种偏见甚至是歧视。“老”是对一个人的进步和发展缺乏信心的表现，还是对一个人创新、提升的整体否定。

“老”除了是对人或者动物的生理、心理状态的表述外，还是对某一物质产品、某一服务方式等的表述。这里的“老”，指的是现有的产品或服务不能够适应使用者和受益者的发展和生活需求，产品或服务已经变得陈旧，成为过去。“老”也是对整个社会系统或社会系统下的某一小系统的表述，包含法律法规制度陈旧、经济水平形势变差、发展速度变慢等表现，是对整个社会系统能不能持续、健康发展的综合评价。现实生活中，很多人都会将对产品和服务的评价方法转嫁到老年人身上。将陈旧、破败、功能损失、价值降低以及需要维护维修等特征，作为主观上对老年人特征的表述、认知，也会将老龄化这一现象作为整个社会系统产生问题的直接原因、主要原因。

老龄化表述的既是老年人群数量的占比加大，同时也是表达老年人数量增加之后而引起的一系列社会系统内部的变化，其中有很多的是负面的影响。

---

① 王佳．开封市H社区中老年人机构养老意愿及影响因素研究[D]. 郑州：河南大学，2018.

## 第二节 老龄化时代背景与社会问题

人老了就要“老有所养”，这是作为人类社会发展的必然选择。但随着社会的发展和进步，老年人口数量不断增加，其在总人口中的占比显著提升，就导致了人口“老龄化”。人口“老龄化”对以人为核心要素的社会系统的健康发展就产生了众多影响，影响到了社会系统内各个要素之间的关系，导致了社会问题的产生。

老龄化也叫人口老龄化，是国际上按照人口出生率与人口死亡率之间的对比关系得出的结论，由于新生儿的出生率降低和老年人的死亡率降低，老年人口所占的比重越来越大。国际上通常以 60 岁以上老年人占总人口的 10% 或 65 岁以上老年人占总人口 7% 作为是否达到老龄化的界限。2021 年我国第七次人口普查结果显示，我国 60 岁以上老年人已达到 2.64 亿人，占比 18.7%。65 岁以上老年人为 1.9 亿人，占比 13.5%。① 从老年人口占比角度看，我国已经进入老龄化社会。

老龄化首先是对人口的动态状况表述，是对老年人在总人口中占比日益上升这一现象的表述。老龄化又是指人口结构状态呈现老年状态，整个社会在多方面出现了一系列的系统性问题。衡量老龄社会的指标，不仅仅是老年人口的占比，还包括老化指数、少儿人口比例、老少比、年龄中位数等，这些指标综合起来才能更加全面地衡量人口的、社会的状态。

人口老龄化这一状况面对的是众多的社会现象，包括劳动人口高龄、养老制度更新、养老道德观等。而这些现象所导致的是一系列的社会问题。首先，资源分配的问题，包括资金和物资。资金方面，相比较发达国家，我国的国民

① 寇鸿翔．促进农村养老服务发展的税收优惠政策研究 [J]. 上饶师范学院学报，2022,42(01):32－37,76.

经济收入整体不高，人均占有量较低，养老金不够充足。物资方面，我国人口基数大，人均分配的物资数量较少。其次，现有公共服务不能满足他们的日常生活需求和更高层次的需求。在公共设施、公共人力劳动服务等方面，人均占比较低，地域性限制因素较多，分配不均衡。再次，与其他人群以及老龄人群内部之间的信息交流存在障碍，容易产生信息“数字鸿沟”，导致认知效果差、学习机会少，以致产生上当受骗等问题。最后，参与社会价值创造的主观能动性变弱，导致有心无力、机会少、创造价值低、自我存在感差等。

从系统角度看，老龄化是指老年人口这一系统要素，出现了人口比重较大、占用资源较多等现象，影响了其他人群对资源的共享，影响了整个社会系统内的经济关系、生态关系、服务关系以及环境关系，对社会系统的人类可持续发展以及每一个群体都可以平等地分享社会资源这些目标产生了影响。

老龄化是一种现象、一种状况，也是一个原因，其导致的问题本质上是社会系统的失衡，老龄化的本质是老年人口数量占比的增加，影响到整个社会系统的失衡。老年人人口数量少的时候，老年人是社会的重要资源，“家有一老如有一宝”，老年人在社会系统中具有重要的价值。无论是“老人变坏了”“坏人变老了”的看法，还是“老年舞蹈队与青少年争抢篮球场”“老年人强制孕妇让座”等等这些社会现象，都是当前社会对老年人的一种片面的认识或是个别现象。但在这些看法、现象的背后，则是在人口老龄化时代特征背景下社会系统内部要素之间产生的一些利益关系。当老年人自身的利益需求没有达到预期目标时，就会从社会系统中主动争取相关资源，从而与其他享有这一资源的人群产生矛盾冲突。

# 第三节 我国老龄化的特征

基于我国的基本国情，参照全球各个国家的老龄化现状和发展进度，中国的老龄化具有自己独有的特征。

特征一：人口老龄化发展速度快，老龄化程度不断加深。由于历史原因、计划生育政策、医疗条件和经济水平快速发展等原因，我国现阶段处在一个老年人数量不断增加和出生人口数量不断减少的现状中，这推动了人口老龄化的速度和程度。从 2022 年开始，我国总人口开始出现负增长，新生人口数为 956 万，但新增 60 岁以上老年人口 1268 万，65 岁以上老年人口 922 万。

特征二：国际标准比例一致下的巨大人口基数差异。通常情况下，国际上把一个国家或地区的 60 岁以上老年人占总人口比例达到 10% 或 65 岁以上老年人占总人口比例达到 7% 作为进入老龄化的标准。但中国的总人口数基数巨大，国家统计局公布的信息显示，截至 2022 年年末，我国总人口数为 141175 万人，占总人口比例的 10% 和 7% 的老年人数量分别是 14117.5 万和 9882.25 万。而实际上，国家统计局 2022 年 1 月发布的数据显示，中国的 60 岁及以上老年人口是 26736 万人，占比 18.9%，其中 65 岁及以上老年人是 20056 万人，占总人口的 14.2%，远超 10%、7% 的国际标准占比。无论是哪种占比方式，我国老年人口的总数量是惊人的，在养老事业的难度上是成倍数增长的。[①]

特征三：中国老年人口的城乡差距较大，老龄化程度不平衡。城市人口数量较多，而农村人口数量较少，且农村老年人的文化水平普遍较低，对于他们就业、参与社会互动以及自我完成照料、健康管理等日常性活动影响较大，针对他们的社会管理和服务也有很大的挑战。另外，城乡老年人的收入差距较

---

① 张慧敏．我国长期护理保险对失能老人健康状态的影响研究 [D]. 成都：西南财经大学，2023.

大，农村老年人可支配的资金较少，对国家给予的养老补贴有较高的要求。

特征四：体系建设发展与老龄化发展有差距。我国的养老保障体系还不够健全，法律规章制度体系上建设的领先性不强，自上而下的体系创新建设与自下而上的社会创新建设融合度不高。虽然我国在养老保障体系上已取得了巨大的成绩，但受限于我国经济总体水平和人口总量的巨大不平衡，养老保障体系依旧面临着较大的压力和挑战。

特征五：家庭养老结构变化对社会养老结构产生影响。家庭养老一直是我国自古以来的重要养老形式，但随着传统家庭结构的变化，家庭的小规模化影响，家庭在养老中的价值和作用有所下降，从而增加了对社会、政府的支持和保障需求，国家和社会成为养老的主体，承载着越来越多的压力。中国的老龄化问题的解决，就越来越多地倾向于政府、社会、家庭和个人作为要素积极合作的系统性创新策略。

## 第四节　养老服务的个体或群体目标、国家目标、全球目标

### 一、养老服务的个体或群体目标

养老服务的个体目标或群体是针对不同老年人个体或群体的需求，通过整合各项资源，创新各种路径，形成不同的服务模式，为老年人解决基本的生存问题，满足老年人的生活需求，创新老年人在衣、食、住、行、文、旅、购等不同的行为旅程中的体验，并通过相应的社会活动参与来实现个人的价值。

养老服务首先就是要满足物质的、精神上的供养，要孝老、敬老、爱老，要尽可能地提供所需要的物资、资金、人力劳动和信息等内容，要从物质方面和精神方面给予支持。养老服务的个体或群体目标基本包括安养、乐活和善终。安养指的是“问题有解决”“需求有满足”“体验有创新”“价值实现有路

径”等内容。乐活指的是“老有所乐”“幸福体验”“价值实现”。善终则是指临终照料“周全”、身后事“体面”、人生经历“丰富”、人生价值“无憾”。这些目标是动态的、可变的，会随着人们需求的不断提升而又产生新的问题，也会随着价值实现的更高要求而产生新的需求。并且，这些目标也随着老年人个体和人群生活情境的变化而不断发生改变。

## 二、养老服务的国家目标

无论是孝老、养老还是为老服务，工作都是老年人的社会保障，这是中国特色社会主义国家治理体系的重要组成部分，其目标就是要实现国家的长久稳定、经济蓬勃发展、社会持续进步和人民生活幸福，老年人的生活幸福更是一个国家发展实力的标准和社会稳定的重要指标。

养老服务要扎牢社会保障的坚实基础，在基础性的生存、安全和健康的服务保障上要更加科学、完善和系统。在 2023 年 5 月 21 日中共中央办公厅、国务院办公厅印发的《关于推进基本养老服务体系建设的意见》中，明确了强化我国基本养老服务体系进一步提升发展的重要意义、发展方向和建设标准。[①]中国的老龄化进程非常快，围绕老年人群的社会性问题越来越多，也越来越复杂。但首先要保障的是全部老年人群基本物资和人力照护的需求，基础性、普惠性、共担性和系统性是重要的实施原则，在这个过程中要充分发挥服务设计的创新优势，坚持以人为中心，以提升用户获得感、幸福感和安全感的体验为目标，创造更具有可持续性的基本养老服务体系。

老年人是国家人力资源力量的重要组成部分，老年人的价值对国家建设来说起着举足轻重的作用。因此要持续不断地给予老年人服务社会、创造价值的平台和机会，将他们所拥有的丰厚的知识和经验与国家建设、经济发展、教育

① 中共中央办公厅、国务院办公厅印发《关于推进基本养老服务体系建设的意见》[N].人民日报，2023-05-22.

管理、社会治理等工作充分结合，有效指导和推动各行各业的健康有序发展，在此基础上既能够增加老年人的经济收益，也能够有效提升老年人的社会存在感和社会价值，推动“积极老龄化”的时代发展。

老年人是国家发展的精神基石，他们是中华优秀传统文化的重要传承力量。他们在成长过程中深受中华优秀传统文化的影响，在日积月累的生活中又对中华优秀传统文化进行了创新提升，形成了对传统文化独特的认知，深深影响了下一代的成长和发展。充分组织和调动老年人参与传承优秀传统文化，是中华民族代代相传、绵延不断的保障，在国民文化素质教育中，在青年和儿童爱国主义教育中，老年人可以担当重要的角色。

银龄经济是国民经济的重要组成部分，是国家经济发展的动力来源，我国老年人口的数量巨大，研究提升老年人消费和老年产品与服务市场意义重大。随着我国经济发展水平和文化水平的不断提升，人们的收入不断提高，生活方式也在不断发生改变。老年人的生活观念也在进行转变，消费结构和需求变化显著，已不再停留在基本的生存型消费，而是逐渐向体验型、享受型消费发展，追求与年轻人一样的感受，对商品和服务的要求越来越多元、个性化和高品质。养老服务就是要不断满足老年人日益增长的多元、多层次需求，有效推动老年人创新消费需求，引领消费方向和创新商业模式，最终实现需求与供给的良性循环。[①]

老年人在国家发展建设过程中贡献了巨大的力量，现在拼搏努力的青年人在未来也会成为老年人，一代一代的社会主义事业的建设者前赴后继，为国家和社会贡献了自己的力量。让老年人享受国家建设繁荣富强的成果，与国家一起前行，不被抛弃和歧视，体验时代、科技带来的丰富生活是政府服务老年人的价值所在。除了基本生活物资之外，老年人需要的更多是对自己付出的肯定，是对未来生活价值的期待，是精神需求的满足和慰藉。创新各种方法和路

① 李小兰．经济新常态下我国人口老龄化问题再审视 [J]. 科学·经济·社会，2018，36(02):52－60.

径，充分整合社会系统要素并发挥它们的功能，构建能够体现和展现老年人群历史价值、社会价值的服务系统，以满足不同老年人群的精神需求，也是养老服务发展的重要领域。

## 三、养老服务的全球目标

全球角度的养老服务，首先是解决影响人类自然生态平衡发展的老龄化问题，保证人口生态的健康可持续。根据联合国发布的《马德里老龄问题国际行动计划》，全球重新认识老龄问题，要改变社会各阶层的态度和做法，建议发挥老年人的巨大潜力，要将老年人和发展密切联系在一起，给予老年人良好的健康、福利环境。①

从全球养老服务角度，要预防和解决不平等的老龄化问题。在联合国制定的可持续发展目标中，第十个目标就是减少不平等。这些问题是受到收入、教育、性别、种族和居住地等因素的强烈影响而产生的系统性的、根源性的问题。要强化终身学习事业，推展代际工作队伍的建设。努力解决养老金困境问题，筑牢养老保障体系的经济根基。② 全球养老服务最终要实现的目标是让每一个人都可以健康地变老，还要在变老中受益。

---

① 韩延栋，吴茵．小规模嵌入式社区养老模式探究 [J]. 住区，2018(01):21−26.

② 徐胥．为全球老龄化人口提供支持 [N]. 经济日报，2023−01−14(04).

## 第五节　从“孝老”“养老”到“为老”
### ——服务目标的时代变迁

“孝老”属于道德、礼教下的对待老年人的态度和原则。“孝老”强调的是子女、亲属对老年人要实行孝道，“孝老”首先要敬老，要尊敬老人的人格和实施精神慰藉。“孝老”要守礼，要以礼“事生”“礼葬”“礼祭”。“孝老”要“几谏”，要委婉劝谏。孝老要“仁”，要仁爱。

“养老”是在传统道德和不同时代法律制度约束下产生的，是为了保障老年人基本的、公平的、公正的生存权利和生活需求。但“养老”这个概念容易把老年人作为社会问题或影响社会发展的因素来解决，将人的老化这种自然现象、自然状态看作一种不正常的负面导向，强迫他人为老年人“养老”，无论是“养老”资源的供给方子女，还是“养老”的受众主体老年人，都会产生反向结果。“养老”概念具有一定的歧视性和“年龄隔离”，表述的是一种义务责任，包含从孝道的道德约束到法律制度约束，都有着一定的“从自觉实施”到“被动实施”的意味。以“养老”为目标的服务和服务设计，需要遵循基本的设计伦理约束。

“养老”意味着老年人与社会的隔离，他们较少参与社会建设和社会活动，较少产生重要的社会价值，对家庭、工作单位、政府以及社会有较大的依赖性，难以自主实现全部生活，成为被嫌弃甚至遗弃的人群，难以被理解和难以沟通。“养老”概念下的老年人自我存在感较差，难以对自己实现准确定位，会导致自我价值的迷失、认知的退化，最终与社会脱节，自我感觉被社会抛弃，而且容易产生与社会的敌对。

“为老”是以为每一个人服务为目标的，具有平等、公平的原则。设计为每一个人、每一类人开展服务创新，只考虑具体的问题、体验和需求，“为老”服务设计仅仅是一个设计的人群定位，不含有歧视。另外，“享老”也有歧视，主要指老年人不劳动、不付出、坐享其成、坐吃山空等认识导向。老年人曾经发挥过重要的社会价值，而且依然在发挥价值，不可忽视他们的价值存在，坐享其成不是问题，更好地生活或发挥价值是他们的需求。

从需求层次角度看，“养老”主要围绕人的生理需求、安全需求等日常生活的基本生存需求，“为老”则更多侧重精神需求、文化需求、价值需求等高层次需求。

老年人是社会系统的重要因素，是社区发展的要素，是家庭系统的重要因素，是曾经在某一行业领域具有一定影响力或做出过贡献的要素。老人可以作为社会资源主导或参与某一服务系统，并在其中发挥重要价值。“为老”服务中有一项重要内容，就是满足老年人实现自我价值的高层次需求。无论是以“就业”的形式，或者是“公益、志愿”的形式，都能够有效发挥老年人的专业能力、组织能力、管理协调沟通能力，创造更多的、更有效的社会价值。

综合来看，“孝老”属于在传统道德、礼教限制影响下对待老年人的态度和原则。“养老”是在传统道德观和不同时代法律制度约束下产生的，是为了保障老年人平等的、公平的基本生存权利和生活需求。“为老”是以为每一个人服务为目标的，是更高层次和更高水准的“孝老”和“养老”。

无论是“孝老”“养老”还是“为老”服务，都是社会发展的规律，都是社会发展和进步的表现，是在中华传统道德观影响下的时代性、创新性发展，都是为了实现更好的老年人社会保障体系，这是中国特色社会主义国家治理体系的重要组成部分。①

① 张师伟．中国特色社会主义国家治理体系形成过程中的要素聚合与结构生成 [J]. 黑龙江社会科学，2020(01):1－11,159.

# 第六节　我国居家养老服务设计框架体系及发展问题历时性分析

我国的养老事业经历了复杂的历史发展与变化，从家庭养老单一模式到以居家养老服务为主，展现的是复杂的社会关系的变化，即整个社会系统不同要素之间关系的变化，这种变化有效地推动了居家养老服务设计框架体系的发展创新。

## 一、养老与服务设计概述

老年人是社会系统的重要组成要素，是影响和推动社会发展进步的重要力量，也是促进社会变革和推动社会创新的重要参与者。自中华文明诞生以来，孝老、敬老、养老一直是中国社会亘古不变的主题和传统，更是中华优秀传统文化之一。随着社会制度、经济形式和生活方式的不断变迁，养老的内涵、外延、内容、形式以及主体，都不断产生新的变化。在从农业经济到工业经济再到信息主导的服务经济的时代，养老也正从基于血缘关系的家庭养老逐渐转变为基于社会关系的居家养老服务。

养老原意指奉养老年人、供养老年人、为老年人提供物质和精神支撑，满足其生存和生活需求。家庭养老是指礼法、孝道伦理、道德、法律层面规定的家庭成员间的责任与义务，属于经济、物质和精神供养的代际传递，其以家庭环境、家庭成员为主要载体。居家养老服务则是在老龄化社会背景下，从服务角度提出的一种综合性、系统性的方法。家庭养老是“住家养老”和“子女养老”的结合，其强调的是子女对父母基于血缘关系而开展的经济供给和精神抚慰活动。居家养老服务则是在国家提供资源基础上，融合“家庭养老”和“社会养老服务”而形成的一种社会化服务，是相对于机构养老服务、社区养老服务而言的一种更加系统的服务形式。

服务设计是一种系统的创新思维方式，服务设计基于系统内容、特征和方法，围绕服务目标、整合服务要素、创新要素关系、产出系统策略和服务模式。系统策略和服务模式则是由产品、平台、环境、人力、资金、管理、政策等构成。服务设计强调的是服务的全流程和全要素，其以用户为中心，以解决流程触点问题、满足多层次需求和提升全流程的体验为原则，以创新生活方式为最终目标。开展居家养老服务设计，就是运用服务设计的系统性创新思维，以老年用户为中心，针对老年人居家养老日常生活行为的痛点、需求与体验，整合社会资源、创新社会关系，构建服务系统和服务蓝图，形成一系列硬件产品和系统运行所需要的软件平台，并推动产生新的商业模式。

## 二、从家庭养老到家庭养老体系

我国早期的养老以家庭养老为主，国家通过律法、礼治、孝道进行约束和规范，给予老年人一定的义务免除和权利保障，也有定期或不定期的国家物资发放、君王物资赏赐，但最终提供资源的仍以家庭成员为主。（见图 2-1）

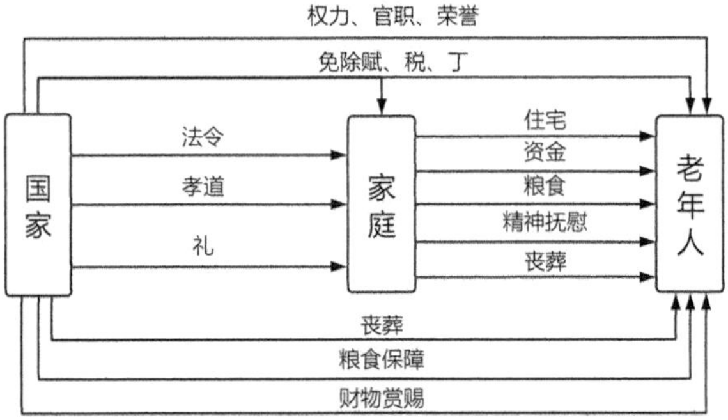


图 2-1　古代家庭养老图（笔者根据文中所提文献自制）

## （一）以礼法为中心的家庭养老发展

夏商周时期是从氏族部落到封建王朝的发展时期，以家庭为主要养老形式。这一时期重礼治，尊老、养老被作为必须遵守的礼法制度之一。《礼记·王制》中记载，有虞氏、夏后氏和殷人分别配以燕礼、飨礼和食礼①，具体规定了养老之礼的环境、程序和饮食种类，以充分给予年长者物资和尊敬。满足老年人生存必需的食物、衣物、医药和金钱，通过礼节给予精神层面的尊重、敬重和孝顺。

周时兼用夏商时期的三种礼，老年人按照年龄被分为50岁、60岁、70岁三个阶段，施行养老之礼的环境分别是乡、国和学。在饮食内容、饮食提供的方式、丧葬、徭役以及日常礼节行为规范等方面都做了具体的规定。50岁的老年人可以享用细粮、不服劳役；60岁的老年人每天都要保障肉食、不参与军事活动；70岁的老年人要保障三餐以外随时有食物、要有丝绵衣物、不参与会见宾客、可退休辞官，还可以简化众多礼节；80岁的老年人，要时常提供珍贵美食、君王定期派人问候、不参加祭丧活动；90岁的老年人，饮食要提供到寝室，君王要派人每天安排膳食，若出游则要备好饮食、做好保障。此外，对一些老而无子、老而无妻、老而无夫的独、鳏、寡等特殊群体，定期供应粮食。国家专门设立了“掌病”职务，代替君王定期慰问老年人，查看健康情况。对有老年人的家庭，同样享受徭役免除，家有80岁老年人，可免除一个人的徭役，家中有90岁老年人的，可以免除全家人的徭役。《礼记·祭义》中记载，虞、夏、殷、周时期的尊老敬长守孝悌之道特别严谨，在日常行为众多方面体现了敬老、尊老之道，即使是一国之君，也要尊老敬老。天子宴请“三老”要亲自动手为老人切肉端酒②，若有大事才会召70岁以上的官员入朝，而且必须先给老人行礼作揖。从这一方面可以看出，即便尊老或想要发挥老年人的价

① 胡平生，张萌．礼记 [M]. 北京：中华书局，2017:276-277.

② 梁盼．古代养老 [J]. 阅读，2019(88):58-61.

值，也要尽量减少对老年人居家生活的干扰。

### （二）孝法、礼法并重的家庭养老强化

秦朝重视法治，对老人不尊、不敬、不孝的行为会给予定罪、严惩。以非常严格的律法形式来约束社会对老年人的关心、爱护，也是对夏商周时期"礼"的监督补充，整个社会养成了孝老、尊老、敬老的良好风气。《秦律》中规定，虐待或殴打 60 岁以上老年人的，会被判处流放或死刑。父亲如果以不孝的罪名告发子女，官府会按照父亲的要求对子女施以刑罚乃至处死，极大地提高了父权的主导地位，为老人的养老构建了法律层面的保障。[①]

汉朝以孝道治理天下，在强化制度建设的同时，以赐物养老的形式，加强了老年人的物资配给和精神抚慰。汉高祖立诏，对满 50 岁老年人群中的"三老"，免除徭役、定期赐予或加赐酒肉。地方官员遇事要向老年人请教咨询，给予他们机会参与社会治理。《汉书・文帝纪》记载了汉代以"诏令"的形式规定了养老标准和措施。80 岁以上老年人，每人每月配给一石米、二十斤肉和五斗酒；90 岁以上老年人，每人配给二斤帛、三斤絮。[②] 除此之外，"受鬻法"还规定 90 岁以上老年人可以定期得到糜粥，后来推广到 70 岁以上老年人。汉代赐给 70 岁以上老年人王杖（也称"鸠杖"），持有王杖的老人，既获得了吃饭不噎食的祝福，享有"非首杀伤人"免起诉、保障人身安全等众多权利，也是一种代表老年人垂范乡里的身份、精神和荣誉象征。[③] 作为一件具有美好寓意、权力象征、重要功能的器物，王杖也承载了法律、制度、孝道、权力等信息，能够带给老年人精神满足。

魏晋南北朝时期，继续沿用前代孝老、敬老、助老制度。这一时期的不同主政帝王，会采用定期或不定期的方式，按照老年人的身份、居住地、年龄不

---

① 薛洪波．简牍所见秦律"家罪"考论 [J]. 安徽史学，2020(02):19－25.

② 王毅．两汉养老制度研究 [D]. 太原：山西师范大学，2020.

③ 马智全．王杖制度与汉代养老的多样化政策 [J]. 简牍学研究，2020(02):83－88.

同，分别赐予不同数量的粟、米、锦、帛、酒、蜜、面、王杖、钱以及爵位。徭役方面，若家里有80岁以上的老年人，可以免除家中一个孩子的徭役，家里有90岁以上的老年人，则全家人都可以免除徭役。家人犯罪则采取“存留养亲”制度，可以执行缓刑在家照顾老人，待老人去世后再去服刑。[①] 免除老年人自己的徭役体现的是给予老年人的福利和特殊照顾，免除其家人的徭役和“存留养亲”制度，则实现了供养老人的人力资源保障，保障了家庭成员有更多时间照护老年人，更好实现家庭养老。

### （三）家庭养老体系化形成

唐代施行“养老礼”和“乡饮酒礼”，分别从国家和地方两个层面体现对老年人的尊重，提升老年人的地位。国家制定《孝经》，将孝道作为奖惩、提拔等治理国家的重要依据。年满50岁，便可免除全部赋役，不用承担地租和户税，也免除兵役。[②]《唐六典》记载，唐代推行“给侍”制度，凡年满80岁或未满80岁但有重病的老年人，要配以一名男子作为侍丁。90岁老年人则配备两名侍丁，达到100岁的老年人则可以配备五名侍丁。成年男子都可以成为“侍丁”，只缴纳租调，不承担杂役。[③] 这一时期女性的社会地位和权利得到进一步提升，70岁以上的女性老年人可以配备侍丁一名，80岁以上的可“版授”官职，对应享有粟、绵帛等物资，且女性也可承担家庭养老义务。[④]“给侍”制度的实施和女性成员的加入，为家庭养老提供了更加有力的人力资源（家庭成员）保障。另外，在这一时期宗族式社会结构日渐加强，《唐律》规定，以宗族、家庭为单位实行“同居共财”[⑤]。家里只要是祖父母、父母健在，子孙就

---

① 许秀文．魏晋南北朝社会保障研究 [D]. 石家庄：河北师范大学，2020.

② 汤艳．唐代尊老养老法律制度研究 [D]. 郑州：郑州大学，2018.

③ 浦江客．唐朝家庭养老的“给侍”制度 [N]. 宁波日报，2021-11-04(09).

④ 李亮．唐代版授高年问题发覆 [J]. 史学月刊，2021(04):26-36.

⑤ 张彩娟．中国家庭财产制的历史变迁与现代重构 [D]. 长沙：湖南大学，2019.

不能“别籍异财”，违反的人则处以三年徒刑。老年人有权对家庭财产实施管理分配，在经济上解决了单纯依赖君王赏赐的问题。掌握了管理分配权的老年人，基本不会出现资源供给不足的情况。还要求对老年人“色养”，即子女态度要和颜悦色，让老年人精神愉悦。《唐律疏议》中要求子女对待长者顺从、恭敬，给予老年人“送惩权”，子孙忤逆不敬可以责罚或交由官府法办。[①]《均田法》规定，老年人可以受田 40 亩，且可以“不课”，即不承担租、调的义务，给予老年人这一重要资源保障。[②] 老年人经过推举，有开展监督和指导农业生产的权利，既为老年人发挥价值提供了途径，也为老年人赢得了尊重。国家从法律制度层面分配侍丁、土地以及权利，保障并满足了老年人的物质需求和精神需求，也对家庭成员的养老提出了更高标准。

宋代更加注重养老制度的建设，鳏寡独老救助制度、官员致仕制度和家庭养老制度得到不断完善。相比较前代的随机性、临时性赏赐，宋代施行的每年 11 月至次年 3 月的季节性、制度性救助更为有效。《宋史·食货志》记载，政府为鳏寡独老废疾者，提供粮食和资金，对需要赡养的老年人，则提供民间无主的房屋给其居住，并按照一定标准给予粮食，或将官府所拥有的房屋供其居住[③]，满足了家庭养老不可或缺的房屋住所这一条件。国家设置“广惠仓”储藏粮食，为被收养的老年人提供粮食物资保障。设立“安济坊”和“漏泽园”，为贫困老年人提供公费医疗和公费丧葬。救助制度受益人群，拓展到了老年军士、老年僧道、老年科举人士、老年归正人和战亡将士的父母、祖父母，扩大了养老对象的范围。在家庭养老方面，政府在配备“侍丁”的基础上，以“令”的形式推行权留养亲、官员迎养、省亲、近地差遣、叙封祖父母与父母

---

① 文媛媛．系统视域下唐代尊老养老社会风气的生成机制研究 [J]. 中州大学学报，2021,38(06):75－79.

② 郑雄飞，黄一倬．从均田到集中：民生演化视角下的唐朝土地制度变迁研究 [J]. 东岳论丛，2021,42(03):131－138.

③ 焦艳．宋代的养老制度探析 [J]. 大庆师范学院学报，2018,38(04):125－130.

等制度，制定了针对家庭养老的奖惩制度，保障了家庭养老的实施。[①] 宋代鼓励宗族的力量参与家庭养老服务，支持建立义庄，实现宗族养老。年老需要赡养的老年人，基于血缘关系，其宗族承担赡养、福利和送终，政府也会给予丧葬费等相应资金补助。[②]

元代重视基本医疗救助、物资保障和旌表。国家在各地设立惠民药局，设立专职医生给予孤老人群诊疗和药物。赏赐孤老钱钞，提供基本生活杂费和棺木钱，并随着物价上涨，不断提高钱钞数量。元代延续前朝施行的“官员致仕”“存留养亲”和“侍丁”等制度，各项制度有了一定的发展深化。倡导民众学习《孝经》，推行孝道，表彰奖励孝道典范，强化家庭、家族在养老中的作用。[③] 推行“旌表”制度，80 岁以上老年人可获得“高年耆德”荣誉，免除全家的杂役，精神方面得到有效提升，但是物质赏赐逐渐减少。[④]

明代重礼教，80 岁以上老年人赐予“爵位”和“冠带”，按照地域年龄不同，分别赐予“爵社士”“爵乡士”和“爵里士”，提高他们的地位，享有与县官一样的礼遇，并免除其徭役。按照年龄层次和官级不同，按年分别赏赐米、肉、酒、絮、帛、绢等各项物资及金、钞等。[⑤] 官员“致仕”制度进一步细化，年龄统一由 70 岁降到 60 岁，且武官达到 50 岁还可以“以子代职”。普通老年人达到 80 岁以上，则会按月给予一定的粮酒，90 岁以上的老年人，每年再增加一匹帛和一斤絮。对已经致仕的官员，推行慰问制度，官方派员按照不同仪式探望并赏赐物资、金钱。推行“里老”制，推举任用年高有德的老年人掌管司法教化和监督地方官吏，处理民事纠纷和督促劳动生产等。设置专门岗位，让“里老”管理集市、仓库、货运、桥梁修建等工作，充分发挥老年人的社会

---

① 马晓燕 . 老人之老：宋代养老制度探析 [J]. 中原文化研究，2018,6(05):49−55.

② 马秋菊 . 宋代宗族的经济关系和经济观念 [D]. 昆明：云南大学，2019.

③ 冀雪超 . 元朝对孝的弘扬的历史轨迹 [J]. 邯郸学院学报，2020,30(02):71−75.

④ 贾建增 . 元代旌表制度新探 [J]. 人文论丛，2019,32(02):155−165.

⑤ 朱晓宁 . 明代社会保障制度研究 [D]. 哈尔滨：黑龙江大学，2019.

价值。[①]强化法律制度建设，孝法结合，维护老年人的权益，保障老年人老有所养。《大明令》规定严惩不孝，子女若弃养老年人就会被施行“罚杖”，子女若虐待老年人则会被施以死刑，子女若诬告老年人则会被处以绞刑。对于有孝行的子女犯罪，可以宽大处理，给予减刑或免予处罚[②]，进一步从制度上对家庭养老、孝老进行了强化保障。

清代养老制度和内容基本沿袭前代各项内容，社会力量积极参与，成为养老的重要力量。《大清会典》记载，免除70岁以上老年人及其“侍丁”的差役。[③]通过不定期赏赐形式，给予80岁以上老年人一匹绢、十斤棉花、一石米和十斤肉，90岁以上老年人则增加一倍的数量，也会赏赐钱财。朝廷定期举办“千叟宴”，以倡导敬老养老的风尚。强化“旌表”制度，年龄达到了70岁、80岁、90岁和100岁的老年人，分别给予九品、八品、七品、六品顶戴，年过100岁老年人还发放建坊银，赏赐匾额。对政府官员施行“终养”政策，可根据需要辞官返回原籍奉养年老父母或祖父母。60岁以上官员享受退休致仕，给予退休前一半的俸禄。宗族在这一时期成为养老的重要组织方，各宗族分别制定族规和家训，规范敬老、孝老和养老行为，成为家庭养老的重要保障。

民国时期社会关系发生较大转变，受到西方社会福利制度的影响，形成了现代国家福利制度发展方向。养老工作从礼治、孝道约束转向制度约束，强调国家制度和社会力量在养老救助中的主体地位。明确养老要同时具备“救”“养”“教”三项内容，建立“三公”（公恤、公养、公教）保障体系，逐渐由自助、互助、救济、慈善和公益服务向现代社会福利制度转型。推行养老年金制度、退休制度和社会保险制度，制定了针对孤寡老年人社会保障性事业

① 胡婧婷.《大明令》救济思想及其对中国特色社会保障体系的启示[J].广西社会科学，2018(04):162-165.

② 徐文心.清朝社会保障制度下的传统养老模式演化方向初探[J].今古文创，2021(27):108-109.

③ 王志明.清代官员的“丁忧”和“终养”[J].人民论坛，2019(12):142-144.

的法律法规。[1]但是受到社会环境的影响，针对养老的法规、政策形式大于内容，整体养老仍然以家庭养老为主。

## 三、从家庭养老社会保障体系到居家养老服务系统设计创新发展

新中国成立以来的养老工作经历了计划经济和社会主义市场经济两个时期，养老工作逐渐从家庭养老、国家基础保障向多层次养老服务全面发展，并迈向居家养老服务的系统性建设和快速发展阶段。养老服务在实践中不断发展变化并日益成熟完善，养老服务的内涵与本质也在不断提升，居家养老服务的外延进一步拓展，逐渐从养老、适老向为老服务的目标转变，系统框架体系突破了原有的局限性，不仅有效保障了老年人的福利、权利，更推动了老年人生活方式创新、生活质量提高及需求体验的提升。

### （一）家庭养老和国家基础保障相补充

在计划经济时期，有限的养老资源实行统一分配，初步形成了城镇职工单位福利保障、集体经济农村福利保障和福利救济为主的社会保障制度。老年人实行家庭代际供养，1950 年颁布的《中华人民共和国婚姻法》和 1954 年颁布的《中华人民共和国宪法》，明确规定成年后的子女有赡养扶助父母的义务，并不得虐待或遗弃老年人。[2]从权利和义务角度明确子女是养老、孝老、敬老的重要主体之一。1951 年施行的《中华人民共和国劳动保险条例》和 1953 年发布的《劳动保险条例实施细则修正草案》，给予年满 60 岁和 50 岁，且工龄分别达到 25 年、20 年，并在本企业满 5 年的男女职员，享受退职养老补助费，

---

① 刘继同．中国现代社会福利发展阶段与制度体系研究 [J]. 社会工作，2017(05):35－59,110－111.

② 郑尚元．论我国公务人员养老保险法制之建构 [J]. 行政法学研究，2021(03):61－75.

死亡后给予丧葬补助及直系亲属救济费。[①]1956年开始施行的《国家机关工作人员退休处理暂行办法》和1958年实施的《关于工人、职员退休处理的暂行规定》，规定施行离休和退休制度，新中国成立前参加革命工作的干部施行离休，按照不同岗位，男性最低年龄为60岁，女性最低年龄为55岁，都可以享受与原职位相同的工资福利待遇。对有特殊贡献的人员，按比例适当提高发放金额。退休制度则按照开始工作时间、工龄、性别和工作性质的不同分别实施。具有干部身份的男性和女性，分别年满60岁和55岁，就可以享受退休待遇，领取退休金和物资福利。工人和自由职业者身份的男性满60岁、女性满50岁就可以分别享受退休待遇和领取养老金。[②]国家组织在农村开展捐献和互助互济，保障贫困老年人生活物资。1956年公布的《高级农业生产合作社示范章程》，明确保障农村弱势老年人群的吃、穿、烧、教、葬，即"五保"，建立了老年人基本生活的制度保障。[③]国家通过法律制度，实现了老年人家庭供养、退休金、物资福利和基础生活保障，但从服务设计角度分析，尚未有效整合社会力量开展社会服务。

### （二）养老服务系统架构不断充实

改革开放之后，社会主义市场经济体制推动家庭养老向养老服务发展，并不断创新制度、管理机构、体系、资源、社会关系、服务平台等，在各方面都取得了较大进步。国家不断充实和完善养老服务系统的要素，并积极构建要素的关系，搭建了众多养老服务的系统平台，有力地推动了养老服务最终目标的实现。

在各部委等基本职能单位的基础上，国务院1982年批准设立中国老龄问

---

① 朱华雄，阳甜.新中国成立以来法定退休年龄思想演进与展望[J].社会保障研究，2020(05)：101-111.

② 肖辉，孙文胜.构建我国老年法学学科和老年法体系初探[J].河北法学，2017，35(01)：107-118.

③ 徐颢.农村五保有"供养"[J].中国社会保障，2019(Z1):24-25.

题全国委员会，后于1995年改为中国老龄协会，将老龄化问题作为重要的发展问题，通过委员会和协会进行统筹管理。1999年设立的老龄工作委员会，建成了从中央到地方的多层级、纵向助老管理机构，制定策略、协调推动、监督执行老年人权益保障和老龄事业发展等工作。①2005年，全国老龄工作委员会办公室与中国老龄协会采取合署办公的形式，实现了资源和人员上的统一调度。2018年设立了国家卫生健康委员会，由其代管中国老龄协会，并设立老龄健康司，负责人口老龄化相关政策措施的组织拟定和协调落实工作，推动老年健康服务体系建设。2019年，民政部牵头与众多部门一起建立了养老服务部际联席会议制度，高效开展多部门联合养老服务管理工作，合力解决老龄化社会问题。民政部养老服务司同年被批准设立，负责拟定相关制度、规划、政策和标准，协调推进和指导老年人工作。② 老龄协会、老龄工作委员会、卫生健康委员会、养老服务司等部门及部际联席会议制度的建立，是养老服务系统的要素创新，这更好地连接了政府部门机构，为养老服务系统的构建起到了重要作用。

国务院1991年出台的《关于企业职工养老保险制度改革的决定》，规定职工按工资标准3%缴纳养老保险。③ 原人事部于1992年发布《关于机关事业单位养老保险制度改革有关问题的通知》，原农业部同年发布《乡镇企业职工养老保险办法》，保障乡镇企业职工的养老需求。④1995年，党的十四届五中全会强调了健全养老服务的综合监管制度，国务院1997年发布《关于在各地建立城市居民最低生活保障制度的通知》，发放资金给城市“三无”、失业下

① 吴玉韶.从老龄不是问题到老龄国家战略——新中国老龄事业发展的回顾与启示[J].中国社会工作，2021(20):13-17.

② 冯维.1978—2010年城镇企业职工基本养老保险制度改革的历程与经验[J].当代中国史研究，2021,28(06):66-84,158-159.

③ 董克用，沈国权.党指引下的我国社会保障制度百年变迁[J].行政管理改革，2021(05):26-35.

④ 李思特.社会公平视角下的中国社会保障问题研究[D].长春：吉林大学，2021.

岗人员和特殊贫困家庭，为老年人提供了生活保障。[①] 国务院、人社部、财政部分别于 2008 年、2009 年和 2011 年发布《关于完善企业职工基本养老保险制度的决定》《城镇企业职工基本养老保险关系转移接续暂行办法》和《关于开展城镇居民社会养老保险试点的指导意见》，将各类企业职工、灵活就业人员、个体工商户和农民工纳入养老保险服务范围，实现政府补贴与城镇居民的个人缴费相结合。[②] 第八届、第十一届、第十二届、第十三届全国人民代表大会常务委员会分别颁布、修正、修订和修改完善了《中华人民共和国老年人权益保障法》，明确了老年人的基本权利，弘扬敬老、助老、养老美德，保障老年人依法获得物质、服务、优待、参与发展和共享成果等权利，保护老年人不遭受到歧视、虐待、侮辱以及遗弃。[③]2014 年国务院印发了《关于建立统一的城乡居民基本养老保险制度的意见》，开始施行城乡居民统一的基本养老保险制度，老年人可以根据缴纳保险的金额不同，分别按月领取从百元到千元不等的养老金，在一定程度上实现了公平化、普惠化和规范化。[④] 同年颁布的《社会救助暂行办法》，施行特困人员国家供养，为无人抚养的老年人提供基本的生活条件，提供照料、丧葬和医疗服务。在农村开展邻里互助和志愿服务，推动社区医院为居家老年人提供上门医疗服务，实现上门诊视、上门健康查体以及保健咨询服务。[⑤] 财政部、民政部、全国老龄工作委员会办公室 2014 年下发《关于建立健全经济困难的高龄失能等老年人补贴制度的通知》，要求各地对

---

① 张琬 . 中国最低生活保障制度嬗变历程及阐释 [J]. 河南科技学院学报，2020，40(01): 1-8.

② 张莎莎，苏果云 . 关于我国社会保障体系中养老保险制度发展的探析 [J]. 经济研究导刊，2022(14): 61-64.

③ 黄颖 . 我国老年人法律权益保障研究 [J]. 法制与社会，2020(30):120-121.

④ 闫琳琳 . 我国基本养老保险制度实践探索及未来展望 [J]. 党政干部学刊，2022(02): 47-53.

⑤ 林闽钢 . 新时期我国社会救助立法的主要问题研究 [J]. 中国行政管理，2018(06): 44-48.

高龄和失能老年人群实行补贴，由各省根据实际情况采取不同标准按月发放。[①]人力资源和社会保障部2016年印发《关于开展长期护理保险制度试点的指导意见》，国家医保局和财政部2020年发布《关于扩大长期护理保险制度试点的指导意见》，针对重疾和失能老年人推行长期护理险。[②]2018年颁布的《中华人民共和国个人所得税法》，规定基本养老金或者退休费、离休费、离休生活补助费等都纳入个人所得税的免征范围，孤老、烈属老年人免征个人所得税，子女个人所得税增加赡养老人专项扣除。[③]养老保险、护理保险、经济困难高龄失能补贴、个人所得税专项扣除以及《中华人民共和国老年人权益保障法》、社会救助、特困供养、综合监管等制度，推动构建了社会系统内政府与个人要素之间的关系，并有效管理和监督了要素关系的执行，形成了以提供资金和基本生活条件为目标的服务系统，为居家养老服务创造了必备条件。

### （三）居家养老服务系统成为主体，居家养老服务设计主导发展，服务设计有效推动目标达成

中共中央、国务院2000年颁布《关于加强老龄工作的决定》，对老龄工作作出了全面部署。提出构建家庭、社区、社会三位一体、互为补充的养老机制。要求健全以社区为中心的管理和服务体系，家庭、社区、社会三者互为基础、互为补充、互为依托的服务架构，构建完善的服务体系，将生活照料、老年福利、医疗保健、体育健身、文化教育、法律服务等众多内容纳为一体。[④]国务院2000年发给11部委《关于加快实现社会福利社会化的意见》，提出建

① 郑功成.中国养老金：制度变革、问题清单与高质量发展[J].社会保障评论，2020,4(01):3-18.

② 贾志科，高天跃，张欣杰，杨祎茜.我国养老保险制度的研究述评与趋势展望[J].贵州民族大学学报（哲学社会科学版），2021(05):71-89.

③ 冯铁拴.养老保障的个人所得税法回应与体系优化[J].兰州学刊，2021(08):76-95.

④ 原新，吴京燕，金牛.中国老龄政策的演变历程、发展评估及未来方向[J].老龄科学研究，2022,10(02):1-11.

立社会福利专门服务体系，推动社会福利的社会化，引导社会力量加入养老服务体系。[①] 国务院 2005 年发布实施《促进产业结构调整暂行规定》，将养老服务作为一个业态，从政策机制拓展到产业发展层面，资源得到了较大拓展。这些意见和规定进一步明确了养老服务设计的整体目标定位和社会化发展方向，有效推动了养老服务商业模式的创新和产业发展。[②]

全国老龄委办公室、民政部等十部委 2008 年发布的《关于全面推进居家养老服务工作的意见》，强化了居家养老这一服务形式和内容在整个社会养老服务体系中的重要价值，要求将服务职能剥离相关机构部门，交给社会办或机构办，培育居家养老服务机构和组织。要求建立老年人信息数据库，发布有关老年人需求和供给的相关信息。强化养老服务的重要人力要素——志愿者队伍建设，补充养老服务系统的资源，将老年人公共服务设施进行强化建设，给予社会福利机构及其第三产业，还包括捐赠社会福利事业的个人和单位，都给予一定的税收优惠。支持社区卫生机构开展老年医疗、预防、保健、康复、健康教育等工作，鼓励兴办服务于老年人的非营利性医疗机构。[③] 国务院 2013 年印发的《关于加快发展养老服务业的若干意见》，要求充分发挥社区基层组织和相关服务机构在居家养老服务中的重要价值，将居家养老在整个养老服务体系中的基础性作用进行了强化。[④] 以上意见重视了社会组织和机构参与养老服务的价值，为开展居家养老服务设计增加了更多的系统要素。

国务院 2011 年印发的《中国老龄事业发展“十二五”规划》，提出构建

---

① 于建明 . 政策视角下新中国养老服务体系发展历程 [J]. 社会政策研究，2020(01): 3-18.

② 刘海波，刘砾丹 . 中国产业政策演进与产业结构全面优化 [J]. 内蒙古社会科学，2022, 43(03):122-131.

③ 中华人民共和国中央人民政府 . 关于全面推进居家养老服务工作的意见 [EB/OL]. (2008-01-29) [ 2022-06-20 ].http://www.gov.cn/zwgk/2008-02/25/content_899738.htm.

④ 丁建定，倪赤丹 . 论中国社会养老服务体系建设的重要转型——基于改革开放以来的一种历史比较分析 [J]. 学海，2021(06):109-113.

适合我国老年人生活需求的宜居环境体系，针对老年人生活需求开发住宅、推行无障碍环境建设，推动开展家庭无障碍设施改造和社区坡道、电梯等公共设施改造。[①] 国务院办公厅 2011 年印发通知，明确了我国 2011—2015 年的社会养老服务体系建设规划，从社会养老服务的系统角度，把居家养老作为全新系统目标达成的基础，把居家养老情境下的环境、设施、服务主体、资金、制度等作为要素，并为这些要素的建设、运营管理、筹措和保障细化健全了支持系统。国务院要求发展居家生活所需的网络信息服务，创新提升居家养老服务模式，推进养老服务的“互联网＋”和物联网。支持建立满足老年人不同需求的社区、企业和机构融为一体的居家养老服务网络，扶持培育相关企业机构开展上门助餐、助浴、助医、应急服务以及其他针对老年人的家政、供餐、日间照料以及活动中心运营。[②] 卫生计生委等十部委 2015 年联合制定的《关于推进医疗卫生与养老服务相结合的指导意见》，推动医疗卫生这一重要因素纳入养老服务系统，有效推动了医疗卫生服务与居家养老服务融合发展，实现了旅游与生态、文化以及健康养老产业的多维度互动联合。[③] 以上规划和意见为开展居家养老服务设计、满足老年人需求明确了具体的目标方向，推动了居家养老服务系统的发展。

国务院办公厅 2016 年印发的《老年教育发展规划（2016—2020 年）》，从教育机制创新和教育资源供给方面，整合资源创新服务，不断提升老年人生命和生活质量。[④] 国务院 2017 年印发的《“十三五”国家老龄事业发展和养老体系建设规划》，推动居家社区养老服务平台建设，重点针对信息共享、应急

① 宫晓东，李玉龙，解惠然 . 我国适老宜居城市环境评价研究回顾与展望 [J]. 现代城市研究，2021(08):108-114.

② 崔开昌，刘纯燕 . 人工智能＋养老服务：发展模式与实现路径 [J]. 中国老年学杂志，2022, 42(08): 2037-2044.

③ 张敏 . 城市居家医养结合的实施难点与对策研究 [D]. 上海：华东理工大学，2021.

④ 徐兰，李亮 . 互联网＋智慧养老：基于 O2O 理念下的社区居家养老服务模式 [J]. 中国老年学杂志，2021,41(12).

救援和日常辅助生活等方面，构建以互联网为基础的智慧虚拟服务平台建设，鼓励互联网、大数据等企业融入养老服务业，充分利用信息技术提高服务质量和效率。[①] 以上规划为居家养老服务创新指明了方向，互联网、大数据企业成为服务系统构建的关键要素，推动了平台型服务系统设计工作的开展，一大批网站、APP、小程序等形式的服务平台型产品如雨后春笋不断涌现。

民政部 2019 年印发的《关于进一步扩大养老服务供给促进养老服务消费的实施意见》，明确提出将促进养老服务消费作为产业的重要内容，实现了服务供给、需求评估、服务保障、政策支持、行业监管“五位一体”。[②] 国务院办公厅 2019 年印发的《关于推进养老服务发展的意见》提出，使用政府补贴的方式，推动开展老年人居家适老化的改造工程，对所有被纳入特困供养和建档立卡范围的高龄、失能、残疾老年人家庭，按照住房和城乡建设部制定的《无障碍设计规范》实施居家适老化改造。[③] 在开展“互联网 + 护理服务”前期试点的基础上，国家卫生健康委办公厅于 2020 年发布《关于进一步推进“互联网 + 护理服务”试点工作的通知》，拓展家庭医生、家庭病床和延续性护理服务内容，整合城市医疗集团、大型医院、县域医共体以及专科联盟等各层级医疗机构力量，提供线上、线下结合的服务。[④]2021 年国家制定的“十四五”规划和 2035 年远景目标纲要提出，要推动养老产业和养老事业协同发展，将

① 刘亚娜，董琦圆，谭晓婷 . 京津冀养老政策差异与协同——基于“十三五”老龄事业发展和养老体系建设规划的政策文本分析 [J]. 社会发展研究，2019,6(03):189－202,245－246.

② 韩烨，付佳平 . 中国养老服务政策供给：演进历程、治理框架、未来方向 [J]. 兰州学刊，2020(09).

③ 王书鹏 . 我国无障碍环境建设标准研究 [J]. 工程建设标准化，2022(02):78－82.

④ 中华人民共和国中央人民政府 . 国家卫生健康委办公厅关于进一步推进“互联网 + 护理服务”试点工作的通知 [EB/OL].(2020－12－08)［2022－06－20］.http://www.gov.cn/zhengce/zhengceku/2020－12/16/content_5569982.htm.

养老服务提升到更高层级。[①] 养老服务的内容得到不断丰富，从满足基本生活需求到健康生活、适老生活环境和公共设施建设，从基本饮食、医疗、旅游、教育到文化消费，基本构建了全要素整合、多维度要素关系创新的服务系统。（见图 2-2）开展居家养老服务的目标更加细致，服务设计的系统性创新思维在养老服务实践中得到较为普遍的应用，从解决老年人的基本生活痛点问题，再到满足老年人的不同层次需求，最后以提升老年人的体验度、幸福感为阶段目标，从多个层级和角度创新实践，有力推动了居家养老服务的整体目标达成。

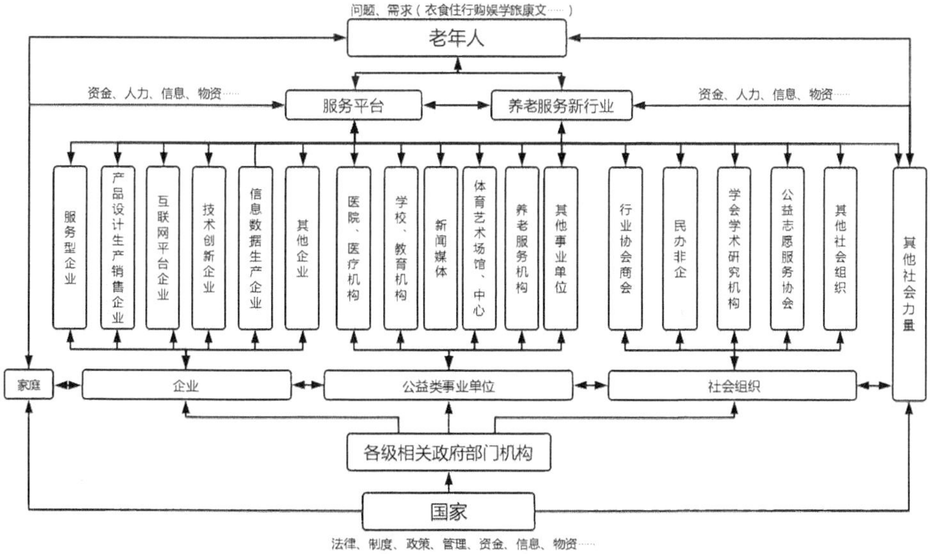


图 2-2　居家养老服务系统图（笔者根据文中所提文献自制）

我国的养老经历了家庭养老到养老服务的发展过程，从礼法孝道制约的家庭养老到社会养老背景下居家养老服务的改变，既是不同时期国家发展的需要，又是新时代社会进步的体现。将养老工作视为一项重要的社会服务事业和服务产业发展，会更加有效地整合社会资源，创建更多、更丰富的服务形式和

① 中华人民共和国国民经济和社会发展第十四个五年规划和 2035 年远景目标纲要[N]. 人民日报，2021-03-13(01).

内容。运用服务设计的系统性创新思维，则可以将国家这个大系统的要素充分挖掘，根据不同的问题、需求和体验目标，产出更多的产品、服务平台以及商业模式，可以使养老服务更有针对性和更具价值，家庭、国家和社会共同筑造起老年人幸福生活的保障。目前，我国居家养老服务框架体系基本形成，从顶层的制度体系建设、产业领域规划到基础层的适老产品和为老服务平台创新，为居家养老服务设计奠定了稳健的发展基础。未来的居家养老服务设计，则需要我们从社会创新的角度，从社会系统的高度，以动态的、发展的思维，不断创新社会关系，创造更多的、更有价值的产品、服务和模式，从而有效解决老龄化产生的一系列问题，最终推动社会的健康可持续发展。

## 第七节　从家庭养老到居家养老的我国养老体系演变分析

我国古代养老一般都在家庭住所中，与有血缘关系的亲人生活在一起，日常的衣食住行由老年人的子女安排，高龄老年人可以不参与劳动，但在家庭中具有一定的权力，通过传统的孝道、礼制、道德约束以及君王制定颁布的法令制度行使管理权、支配权和决定权。如汉代的“鸠杖”制度、明代的“里老”制度等。

国家层面会通过一定的制度要求、礼仪标准来保障供养人和限制供养人的行为和基本物资供给，来保障老年人的基本生活保障。如唐代“给侍”制度和《唐律》的“同居共财”制度。

在古代的不同时期、不同地域，也有国家机构集中供养、家族集中供养的形式出现，如宋朝的“福田院”，元朝、明朝、清朝时期的“养济院”，但这些大多针对的是“鳏、寡、孤、独、疾、废”等特殊老年人群和无人赡养的老年人。

新中国成立后，受限于资源的短缺情况，家庭的住房一般采用分配和低租金使用制度。大部分老年人与子女共同居住祖辈或父母的房子里。家庭成员日常生活接触密切，老年人可以得到较为全面的关怀和照护。

改革开放之后，住房制度进行了改革，大量的房产成为商品上市销售，人们对家庭的住房在数量和空间上有了更多的选择。为了实现子女成家立业、独立生活的需求，老年人较多地选择了与子女分家异地居住的形式，分家只是从家庭资产、生活物资、财务上的分割，但血缘关系、亲情关系不受影响，虽然异地但是同心。子女会在物质和精神上照顾老年人，老年人也会量力而为地在物资和资金上帮助子女，子女则会根据自己的收入情况，按月给父母一定的赡养费。

自古至今，家庭养老参与的主体结构发生了变化。古代或传统的子女养老，老年人的子女众多，子孙也呈倍数增加，家庭成员结构呈金字塔形状，老年人处在金字塔的顶端，资源供给来源众多。而在一段时间内，家庭养老主体结构则成为倒金字塔形状，即所谓的“421”模式，即一个子女要承担四个老年人的养老供给保障，子女养老、家庭养老面临着严重的人力、物资、资金、信息以及精神抚慰的需求困境。在这一时期内，国家层面的养老制度、养老资金、人力资源、环境和物资等的资源保障开始成为解决这一困境的重要手段，社会力量也逐渐被整合进养老系统，成为重要的支撑力量。

传统道德约束下，国家制度、法律限制的以子女为核心、子女作为主要供给方的家庭养老，逐渐向“机构、社区、居家三位一体”的养老服务体系发展，居家养老成为家庭、国家和社会要素共同参与的社会养老服务体系之一。[①]

伴随着居家养老服务体系内要素的不断丰富，系统的不断强化，越来越多的老年人选择了居家养老模式，居家养老已经成为一种生活方式，不离开家庭、生活在社区、共享社会资源、实现有限价值成为居家养老的特质。居家养老的问题在发展中不断得到解决，居家养老的需求在得到满足的同时也在不断

---

① 王玉德，武继磊，裴丽君.居家养老服务体系建设的一点思考[J].人口与发展，2022,28(06):161-173.

提升，为解决和实现老年人居家生活中的问题、需求、体验和社会价值成为服务设计及其他各个领域关注的重点。

## 第八节　居家养老的底层逻辑分析

我国现阶段的养老模式主要包括居家养老、机构养老和社区养老三种形式，其中居家养老是最重要的形式，之所以有众多人选择居家养老，是有其深刻的底层逻辑的。

### 一、资源与分配的背景基础

我国的人口总量大，进入中度老龄化社会的我国老年人总体占比也较高，人均可使用的公共资源数量较少，导致了养老机构等公共养老资源不足。虽然国家在不断投入大量的资金开展居家养老服务，并通过提供政策支持等方法鼓励社会力量参与，但面对数量巨大的老年人群，这依旧是一个难以解决的问题。另外，受限于老年人收入的差别，不得不考虑养老的成本，在多种原因的综合影响下，居家养老也成了重要的选择项。

### 二、文化观念与传统思想的影响

家既是一个物理的空间概念，又是一个基于血脉亲情关系的社会概念，居家养老主要还是基于家庭关系的血脉延绵和文化传承。居家不离家，指的是不离开世世代代居住的环境，更重要的是不脱离家庭关系，老年人能够一直在家庭中生活，与家庭成员开展交流、分享，也是基于传统礼仪道德传承发展的最优选项。

## 三、居家的幸福感体验

退休之后的老年人，内心充满了安稳感、舒适感、成就感和获得感，再加上具有健康的身体，稳定的收入与支出，子女给予的物质与精神供养，柴米油盐锅碗瓢盆的日常，父慈子孝、三代同堂的天伦之乐，独立、自由不受约束限制的生活习惯和方式，等等，这些都是老年人居家的最幸福体验。

即便是出现了健康问题、收入问题等影响到了正常的生活体验，在生活质量上会有所下降，但只要能够在家庭环境中生活、在家庭关系中生活，也能够让老年人及时得到来自家庭的关心和慰藉。

## 四、以家为中心的“圈子”生活

“圈子”是根据人们之间的社会行为特征而自然形成的，从社会学角度讲，“圈子”就是社群、团体，在“圈子”里的人们，有着共同的特征、爱好、习惯、认知能力等，他们之间有着固定的交流方式，在物质上、精神上有着密切的联系，在情感上能产生相互影响。

几十年的生活方式，为老年人构建了很多的以家为核心的“圈子”，既有以地理位置和物理空间距离来限定的便民“生活圈”，也有以人际关系和心理空间距离来划分的“朋友圈”，还有与衣食住行密切相关的“颐养圈”“健身圈”“购物圈”，更有娱乐学习、文化社交的“学习圈”“棋牌圈”“社交圈”。这些圈子与老年人的生活深度吻合，成为深刻影响老年人的“舒适圈”，紧紧地“圈住”了老年人。

## 五、社会资源的有效供给保障

居家养老的基础是物资、资金、人力、信息等社会资源的充分供给保障，还包括全民健康医疗体系、基础物资生产配送体系的进一步健全，更有商业、服务业的充分发展，这些都是居家养老的基础条件。居住在家既可以通过各类商业企业获得基本的生活物资、家政维修服务等各类人力劳动以及不同形式的资金和信息内容，还可以通过社区医院、门诊等社区医疗机构实现家庭医生、上门诊疗、医药配送、紧急救护等服务，还可以通过街道、社区等政府机构以及各类社会组织等公益类组织，获取相应的文化、娱乐、社交、上门探访等精神慰藉类服务。随着养老服务体系的进一步健全，越来越多的企业、社会组织、个人等会不断融入居家养老服务系统中，社会资源会越来越丰富，供给路径会越来越多元，居家生活会越来越方便。

## 六、智慧生活场景的支持

在数字技术突飞猛进、互联网应用日新月异的背景下，智能产品、系统产品不断被创新应用到生活中，构建了越来越多的智慧生活场景，为人们提供了生活便利，人们的生活方式也发生了较大的改变。线上与线下结合、真实与虚拟融合的方式，衍生出了众多的服务体系，涵盖了生活照料、康复保健、法律维权、文化教育、体育健身和精神慰藉等方面，几乎无所不能。一键呼叫、一键打车、一卡通行等专项智慧为老服务，更是方便了老年人的生活。

## 七、开放型社区情境的发展

在社区生活理念下，养老社区纷纷建立，居家、社区和养老机构之间逐渐融合破圈，开放自由成为社区生活的主调。社区日常照护、社区老人食堂、社区医院、社区市场、社区公园等都分别面向老年人的不同需求而开放，开放就意味着资源的充分整合，服务模式的不断创新，减少了老年人生活上的空间、时间限制。

社区是社会系统结构的基本单元，社区复合化功能建设对于推进现代化治理体系具有重要作用。随着“未来社区”“15分钟社区生活圈”“完整社区”等社区生活和社区建设理念的不断推陈出新，“人本化”“生态化”和“数字化”将成为开放型社区的重要价值体现。社区是由众多个体组成的不同团体、公众和共同体，社区关系是由个体与个体、团体与团体、个体与团体、个体与社区的多层次关系组成的。社区是众多个体关系的平台和载体，是人们的心灵之家和生活共同体。社区的建筑、设施、服务、景观、生产、安全、管理等都是保持社区生态化、可持续的重要内容，数字化则是赋能未来邻里、教育、健康、创业、建筑、交通、低碳、服务和治理等生活场景的重要数字基础。

基于开放型特征的居民协商共治和群众参与共同缔造，为实现让人民满意这一目标而进行的社会创新层面的活动和结果，最终会让社区成为人们更有归属感、自豪感和高度认同感的社会系统结构的基本单元。

## 八、熟悉的生活情境和自主的生活方式

老年人根据自身的生理特征、心理特征以及收入和支出，会逐渐形成自己的生活习惯，这些习惯很难改变。他们习惯在自己熟悉的环境中生活，与熟悉的街坊邻居交流，按照熟悉的路径出行、娱乐、购物、锻炼和参加各类活动。在对服务的需求方面，他们也对现有服务提供者、服务渠道以及服务内容养成了习惯，会坚持独立自主的服务定制需求，不喜欢也无须他人强制性安排和固定的收费项目，在身体健康和能够自理的前提下，他们更加热衷于这种独立、自由、舒适的养老生活。

从居家养老服务的底层逻辑综合分析来看，居家养老服务是实现“孝老”“养老”和“为老”社会保障体系健康发展的方式和路径之一。是在充分尊重“资源与分配的背景基础”“文化观念与传统思想的影响”“社会资源的有效供给保障”“开放型社区情境的发展”“智慧生活场景的支持”等客观事实和客观世界发展规律的基础上，为了满足老年人“居家的幸福感体验”“以家为

中心的圈子生活”“熟悉的生活情境”和“自主的生活方式”等生活需求的系统性、时代性策略。

## 第九节　传统道德观影响下的居家养老情境分析

居家养老的情境指的是具体的空间环境、家庭和老年人背景和时间。中国的居家养老是在泱泱中华民族发展过程中积累积淀下的意识和规范情境中完成的。

中华优秀传统文化丰富且源远流长，传统道德观的影响对世世代代的人们影响深刻。这些道德观念包括修身之道、家庭道德、社会道德和政治道德四个维度。[①] 首先是修身。修身即是要成为君子，守君子该守的规范，做君子该做的事。修身就是要协调好个人与家庭、个人与社会、个人与国家、个人与他人的关系，涵养个人的德行，做君子仁人，做一个在道德教化、社会治理等方面有价值的人。其次是家庭道德。家庭道德方面是以“孝悌”为核心的，自觉遵守宗法制度，承传血脉关系，构筑宗族基础，实现“家国同构”。再次是社会道德。社会道德重在仁义、仁爱，由家庭血缘的亲爱至天下的大爱。实现人际关系的由己及人、由亲及疏、有勇有谋、良善、平等、尊重。最后是政治道德。政治道德则强调以天下为己任，重视个人的社会责任和历史使命，树立高远的志向，将个人的小目标融入国家的大目标，以国家兴旺、民族兴旺为行为标准。中华优秀道德传承的目标，就是要实现人与自然、人与他人、人与国家、人与社会的和谐，最终提高个人修养，提升优良家风，促进社会和谐，实

① 蒲秋琳，郭云贵．领导干部选拔任用中品德测评存在的问题与对策 [J]. 河北企业，2020(12):138－139.

现民族兴旺。①

传统道德观影响下的社会，将道德水准作为评价一个人、一个家庭或一个组织的重要内容。而道德水准的重要内容之一便是对进入老年阶段父母的照料、关怀，对父母的生活缺少或缺失照料、关怀，便是“普世”的不孝、不道德，从而忽略了实事求是和客观事物发展的规律，忽视了社会发展和社会进步的客观事实背景，影响了老年人与子女对待机构养老和社会养老的态度和客观认知，很多社会系统内的其他个体、组织会因此对老年人、子女及其家庭产生不好的评价。

传统道德观影响下的老年人，将子女的“孝顺”作为对个人价值的评价标准之一，影响着老年人的存在感、价值感和人生幸福度。父母将子女与自己、家庭联系的频率、亲密度作为重要影响因素，因此对入住机构养老、接受为老社会服务产生排斥，对机构等社会要素服务输出的社会资源不认可、不满意。

传统道德观影响下的家庭成员、子女，将“孝老”“敬老”“养老”和满足老年人的不同需求作为个人的“义务”和“任务”。在面对父母的问题和需求时，亲力亲为、有求必应成为必要的、不可替代的路径和方法。在传统道德观念的影响下，老年人子女普遍难以接受其他个体或组织提供的有偿服务，通常会将社会关系固定在家庭内部成员之间，间接影响了小家庭的正常生活，也导致了家庭内部连续性问题的产生。

世界上所有事物都是发展变化的，传统道德观是约束事物发展的重要内容，但也应该在尊重和正确认知客观世界的事物发展规律基础上不断完善、创新，传统道德观的内容应该与当代价值观相匹配，在坚守优秀中华传统道德观的前提下，尊重客观事物发展的普遍性规律，不断实现传统价值观的创新性发展，不断创造更丰富的时代价值。

---

① 李仰智.中华优秀传统道德观的历史意蕴、精神特质和时代价值[J].理论导报，2023(06):34-36,40.

# 第三章

# 从“事”到“系统”的居家养老服务设计系统机理

## 第一节　从物到事，从事到理

“物”分自然物和人造物，自然物是在自然界中产生的，分为物体、生命体和生命物体。自然物是自然生态系统的组成内容，自然物是人类的重要资源。人造物是指人类制造的一切物体，人类造物需要使用自然物作为资源。设计也是人类造物的过程，设计的结果包括“物”。人类造物、设计的目的最终还是为了“事”。

自然界的“事”指的是自然现象，是大自然自身规律作用的结果，完全不受人的意志的影响。社会系统中的“事”，指的是人的行动和行动的结果。人的行动是有目的、讲方法的和需要处理关系的，也是有过程的、有因果的和考虑计算付出和回报的。人的行动的结果包括物体，也包括新的“事”。做事、行事需要“理”，“理”是指“道”，是逻辑、法式、谱系、机理和路径。造物有法式，做事有道理。“物”与“事”、“事”与“理”都属于人的行动，包括行动的过程、行动的方法和行动的结果。在“事”中，“物”是承载着功能、信息的实体，“物”是人的精神投射。在“物”的背后，是“事”的人与人之间、人与自然之间的关系。[①]

## 第二节　事是复杂的，是系统的

无论大事或小事，“事”都是复杂的。“事”是由很多内容组成的，包括实施“事”的主体、主体针对的对象、“事”的目标、“事”的结果等，还有方法、工具、路径、时间、平台等等。“事”就是系统。系统是一个整体，包括目标、要素和关系三个内容。“事”的完成需要人与其他人、人与环境、人与物等产生联系，围绕“事”的目的、目标开展工作，“事”就是运转的系统。人们每天都在做不同的“事”，有的“事”是简单的，包括吃、喝、拉、撒、睡等日常基本的活动，也有的“事”是复杂的，比如，会议、理财、治疗、结婚、装修等生活的方方面面、角角落落，还有的“事”是国家层面的，诸如，环境治理、社会保障。“事”的结构或者说“事”的发生是有情境的，情境内容包括时间、地点、人物、起因、经过（过程、流程）、结果。

“事”的发生受到系统所处的环境影响，包括系统的内部环境和外部环境，这些环境包括要素和要素之间的关系，要素和要素之间的关系发生了变化，对整个系统构成了影响，就是“事”。[②]反过来，环境变化、要素和要素之间的关系发生变化，则推动系统的演化和变革。

在处理或进行“事”的时候，就需要从系统的视角出发，一是考虑“事”的环境，包括外部和内部环境，外部环境要考虑环境的各项因素，内部环境要研究系统的要素。二是要分析系统的结构，即分析系统内部各要素之间的关系

---

① 柳冠中，DM. 事理学论纲——概述 [J]. 设计，2013(09):114-115.

② 华坚，邓丽，张长征 . 公众参与重大工程项目决策稳评的演化机理 [J]. 系统科学学报，2017,25(02):46-50.

和组织方式，了解要素之间的各种关系，包括层级关系、主次顺序、直接和间接关系、合作关系、并列关系、依存关系、支撑关系、互利关系等。三是要研究系统的行为，分析系统在外部环境因素影响下的表现，查看要素之间引起的连锁反应。四是要优化系统的性能，通过调整系统的结构、参数和流程，有效提升系统的效率。五是要建立系统的反馈机制，监测并及时处理系统风险，及时解决系统内部要素的问题和要素关系的变化。六是要提升系统的自我调整能力、自我迭代能力，及时补充、替代并最终完善系统的要素和要素关系，实现系统的演化和变革。

## 第三节　设计“事”，设计系统

设计即“事”，既包括人的行动，也包括行动的结果，设计方法、路径、方式就是“事”的“理”。“理”是“事”和“物”合理存在的关系脉络，设计方法本质上就是通过“事”的关系脉络去创新，为“物”的合情合理存在找到依据。

设计要创造的不是“物”，而是去创造“事”。设计不仅仅关注“物”的形状，设计研究的是“事”，创新的是人与人、人与环境和人与物的关系，最终创造新的生活方式。

设计是针对“事”的，传统认知里面的设计，是设计一个过程，结果是“物”。但是“物”只是一个介质、形式，其承载着众多的内容，“事”才是设计的真正对象。做一件事、实施一个行为、开展一个活动，需要很多的条件。首先是事情的目的，然后是谁来做，最后是怎么做。此外还有在哪里实施，有哪些限制条件，等等。这个“事”，就是“活动”，也是“职业”，还是“从事”，“事”就是一个系统。①

---

① 柳冠中，DM. 事理学论纲——概述 [J]. 设计，2013(09):114-115.

# 第四节　从系统到服务，再到居家养老服务设计

服务针对的是人的“事”，“事”是系统，服务自然也就是系统。服务是一方向另一方提供活动、过程和结果。服务是为别人做事，为别人解决问题、满足需求，通过做事来获取利益、回报。在服务中交换或获取资金、物资、信息、人力的属于商业服务，只获取精神上的、非物质、非资金回报的，属于公益服务。

服务即一件事从开始发生到结束的全过程，在“事”中，服务提供者与服务接受者产生互动，服务接受者最终获得了想要的物资的或非物资的结果，并在过程中得到了较好的体验，服务提供者也在这有偿或无偿的活动中获得了资金或价值。服务是为实现他人的目标需求，使用自己或团队的脑力劳动和体力劳动（知识、技能和劳动），借助某一产品、环境空间、互联网虚拟平台等介质，有偿地或是无偿地、直接地或是间接地开展活动，包括活动的过程和结果。服务是不以所有权转移为标准的，也就是说，服务转让的是使用权，是资源的有偿分享或无偿共用。

服务设计简单来说就是设计服务，服务设计就是设计服务这件“事”、服务这个“系统”。服务设计针对的是在特殊情境下的特定人群的生活体验和需求系统目标开展的创新活动，围绕人群生活的社会系统，整合系统要素、创新要素之间的关系，创造全新的服务系统、实施系统的蓝图和支撑系统的平台和产品。

养老服务设计的系统目标是满足老年人的生活需求，提升老年人的生活体验，创新老年人的生活方式，本质上是为老年人做事，为老年服务设计。[①] 养老服务设计的总体系统目标是老年人能够“老有所养”，具体的系统目标则包括老年人生活中各方面的需求，实现的不仅仅是“老有所养”，还要在各方面

---

① 智能技术时代，为老年人保留一扇窗！提供更多智能化适老产品和服务，让老年人能用、会用、敢用、想用 [J]. 民心，2021(02):34-38.

有很好的体验，满足不同层次的需求，在满足基本的生理需求、安全需求之外，还要有设计需求、尊重需求以及自我实现的价值需求。

居家养老服务设计则是将为老服务的研究进行了聚焦和限制，即以家庭环境、社区环境作为主要生活情境，整合家庭、社区、社会、国家等不同范围下的要素作为新的系统要素，创新要素的关系，以“居家”幸福生活作为系统创新的情境限制原则及目标，围绕老年人的日常不同层次需求满足和价值实现，围绕老年人在某一“事”中的全过程体验开展的设计活动。

## 第五节　事的结构、步骤与系统的目标、要素、关系及秩序的耦合

“事”作为人的行动和行动的结果，通常包括主题、情节、角色、冲突和结局五个部分。主题包括“事”的方向、目标和核心内容，而且通过主题还可以了解到“事”的背景和主要矛盾冲突（问题）。情节是“事”的发展过程和“事”的序列，主要是“事”的因果和经过。角色是“事”的行动的主要发起人、共同发起人、矛盾冲突相关人等，包括主角、配角、反面和其他各类人物。冲突是“事”的矛盾关系爆发点，是问题或难题，是“事”的发展和情节产生的推动力。结局是“事”的结尾或者解决“事”的问题的方式、方法，结局的出现代表“事”的矛盾冲突已经结束，也形成了定论。

“事”的结构确定好后，则要按照相应的步骤进行。包括确定主题、设定情境、描述情节、引入角色、创建冲突和构建结局。确定主题就是要明确“事”的核心、主旨，设定情境就是要明确“事”的时间、地点、角色特征及其他背景信息。描述情节则是要按照顺序和逻辑，设置“事”的发生过程和事件的序列。引入角色则是要给予参与“事”的人、物等相应的角色和动机，进一步充实“事”的内容。创建冲突则是为了增添“事”的戏剧性、节奏感而确

定的难题或问题。构建结局则是设定冲突解决的最终效果和得出的结论，以及“事”的参与人的期待值。“事”的主题就是系统的目标，情节就是系统运转的流程和方式，角色就是系统的要素，冲突就是系统的要素之间的各种关系，结局就是系统最终实现目标的效果。

系统的秩序是系统的一种状态，是指系统内各要素、子系统按照某种规则相互产生关系，有序、有规则、稳定地运转。系统的秩序是指要素和子系统在空间分布上的规则性，规则既可能是静态的、静止的，也可能是动态的、有序的并呈现周期性的。系统的静态表现指的是系统处在一个相对平衡状态，各要素、子系统之间的关系稳定、组织程度较高。当系统受到外界的干扰、影响时，系统的稳定性会产生变化，平衡被打破，但是系统会通过自我调整和重新组织[①]，再建立新的秩序，稳定性和组织程度会更高。

系统的秩序也包括系统与环境的关系，系统与环境之间具有信息、物质和能量的输入、输出，两者不断进行着交互。系统与环境之间具有相互依存、相互促进的关系，在稳定的环境下，系统与环境可以协同发展实现共赢。这种系统与环境的关系，对应着就是“事”的情境，“事”的发生是受到情境限定和影响的。

## 第六节　居家养老之“事”和服务系统设计的情境分析

居家养老服务设计是开展的一项设计活动，设计的策略便是基于“事”、系统和服务三者之间的内在耦合逻辑，居家养老服务设计就是要做好为老服务这件“事”，成为一个“好故事”，构建众多的老年人满意的服务系统。各个

---

① 严子淳，赵桂红．供给侧改革驱动下创新创业生态系统构建路径探讨 [J]. 商业经济研究，2018(02):190－192.

系统的目标就是满足老年人不同领域、不同层次的生活需求，提升他们在日常生活的众多“事”中的体验，创新他们的生活方式，为他们实现自己的价值搭建适合的平台。

在开展居家养老服务设计过程中，要始终将居家养老即“居家生活”作为重要情境，有效区别机构养老、社区养老等其他养老模式。居家养老的情境包括时间、空间和社会关系，居家养老的时间包括日常行为习惯的休息时间、劳动时间、娱乐时间，还包括居家生活行为的时间段、时间长度，即某一行为旅程的时间节点和时间长度。

空间环境指的是个人或家庭购买的、长时间居住的固定住房，这个空间环境的信息就包括房子的建设时间、材料、面积、楼层高度、户型结构、水电暖配置、单元数量、楼层数、每层户数等，还包括所住房屋的公共设施配置情况，包括楼梯、电梯、照明灯具、消防设施、信箱、单元门等的配置情况和具体数据。

老年人居家生活的主要空间环境是家庭自有住房，但生活空间又不被限制在这个住房里，他们可以自由出入家这个环境，不断融入社区、城乡等公共环境，从事各种日常的行为、活动，以获取其所需要的各项物资、资金、信息和人力劳动等生活资源，当然最终每天固定的休息环境、最安全的归宿还是家、家庭、住房。

社会关系首先包括家庭内部关系，重点是个人与家庭的关系，其次是个人或家庭与邻居、亲友等之间的邻里关系、亲友关系，与社区的关系、与城乡政府及其机构的关系、与医疗机构的关系、与商超的关系、与公共服务场所和设施之间的关系等等。作为社会成员的个人和家庭，处在一个复杂的社会系统之中，会不断与周围的社会要素以及大大小小的公共服务系统、商业服务系统、个体等产生互动和影响。

居家养老的社会情境，是研究老年人居家生活的限制性条件。有助于更好地研究“事”的发生的可能性，便于分析和研究“事”的过程和结果，发现老年人生活中出现的问题，研究老年人的日常需求和体验以及明确价值服务目标。

# 第四章

# 从思维的内在逻辑到服务设计创新思维策略

服务设计是一种系统创新思维方式和综合创新策略，作为思维方式和创新策略，其与“设计就是解决问题”的问题思维、“设计是提供服务”的服务思维、“设计是提升用户体验”的体验思维、“设计是创造价值”的商业思维和“设计是帮助人们实现价值”的人本思维等既有相似之处又有很大差别。

## 第一节　思维的基本释义

### 一、问题思维

问题思维是发现问题、定义问题、分析问题和解决问题的思维过程。问题是在主观认知能力不足与客观条件因素限制影响的环境下产生的。问题可以被定义为“事件＋不利的影响”，问题的大小取决人的自我可感知水平，问题是人主观上的认知。这一定义包含三方面的意思：问题的关键是人而不是事件本身（主客观）；事件与人有利益上的冲突；在同一事件上，不是所有人都会有问题。

问题关乎于事物的现象与本质。透视问题，必须发现隐藏在现象之后的本质。必须分析问题产生的原因，从原因的内因与外因等广度，从主次、主客观等角度，从宏观与微观等高度，明确要解决的问题本质。

问题思维是从问题的产生原因视角开展的，通过发现问题、研究问题、定义问题、分析原因、研究方法来实现创新。问题思维的首要任务是发现问题，发现问题是基于问题思维开展设计创新的关键。发现问题需要开展大量的、细致的调研和分析，收集、整理大量的信息并开展动态分析，要掌握事物最基本的原理和规律，明确正常的标准。

研究问题就是要研究问题的结构，梳理问题的框架，研究问题的构成要素，主要是分析问题产生的原因、问题的表现以及问题的影响，要从主观与客观、内部与外部、主要和次要等多方面、多层级进行细致的分析。定义问题即要明确问题的表象与本质，清晰问题的内在机理，清晰问题的矛盾与冲突。分析原因则是要从主观与客观、外在与内在、主要和次要、整体与个体等角度，去全面发现、找到问题产生的复杂原因。针对不同的原因，我们就可以分别提出不同的解决问题的方法。（见表 4-1）

**表 4-1　问题的解决方法**

| 原因 | 人 | 物 | 流程 | 自然 | 社会 |
| --- | --- | --- | --- | --- | --- |
| 解决方法 | 沟通交流<br>人力劳动辅助或替代<br>学习培训 | 加减物资<br>创新产品 | 新流程<br>新触点<br>新服务 | 研究自然系统规律<br>主动适应自然系统 | 系统目标<br>社会系统要素整合<br>社会关系重构 |

开展居家老年人“养老”服务设计或者“为老”服务设计，首先是围绕问题思维开展定位和分析的。“养老”服务设计主要是因为老年人生活中出现了小的问题，影响到正常生活，这些问题可以通过产品和相应的服务来解决，包括基本的生活物资、医疗设备、衣食住行等各方面的适老产品和服务。“为老”服务设计则是因为老年人的需求、体验和价值得不到重视和实现，则需要复杂的服务设计来解决，以实现老年人的不同层次需求。

老龄化是一个较大的全球性的生态问题，也是每个国家面临的社会问题。但是如果老龄化被作为问题并使用问题思维提出解决方法，工作就会被动而不会主动，更会产生对老年人的歧视[①]，因此要科学分析老龄化问题的原因。老龄化作为一个问题，其主要原因不是老年人多了，而是社会资源和配套的服务无法满足众多老年人的需求，老龄化的问题实际上是需求没有满足而产生的。原有的能够满足老年人的基本退休金、生活保障条件，在老年人口数量增加的情况下，每个人的配比被降低、减少。这些问题是社会问题，属于系统问题，系统问题的原因分析就异常复杂了，就需要使用复杂的、系统性的策略。

老龄化问题的解决，首先是针对当前的情况分析原因，及时提出即刻解决的方法，并避免产生更大问题。其次要从需求角度，研究老年人群的需求，研究方法满足他们的需求。老龄化的问题归因，主观上看是人老了，不能像年轻人一样从事各种工作和适应各种生活方式，但实际上是高龄、长寿和人口数量占比增加以及出生率降低等客观原因，是社会保障制度、措施、养老金以及相应的配套服务、资源不足等客观原因。

问题的归因非常重要，要明确原因是主体还是客体，即是服务提供者的原因还是服务接受者的原因。服务提供者提供的服务与服务接受者期待的服务有落差，就产生了问题。楼梯台阶的一般高度为 17.5 厘米，正常人群上下楼梯都没有问题，但是老年人、儿童或身体有障碍的人群、喝醉的人群等在上下台阶时，则会产生摔倒问题。通过这个可以看出，台阶本身不是问题的因，人群的特征才是问题的因。

问题的解决方法一般包括人的智力或体力劳动、借助一般的工具、创建新流程或改造管理等。复杂的社会问题，则会触及组织变革、战略、系统、社会创新等。

---

① 郑文春.老年社会的“问题思维”与“价值导向”[J].花炮科技与市场，2018(04):107.

## 二、需求思维

需求思维是通过了解和发现需求并作为创新导向的思维方式。需求思维以用户的需求为核心，所有行动围绕用户在特定环境中的特定的需求展开，有效区分需求的层次，细致开展需求的本质研究，最终通过有形的产品、物资和无形的服务、平台来实现用户的需求。运用需求思维开展创新，首要任务是深入地了解用户，通过用户研究发现用户的特征、习惯和爱好，并进一步在行为中去了解用户与外界接触时产生的痛点，在基于用户的特征、情境基础上，深度分析用户的精神需求、物质需求，全面分析用户的单个触点的需求和整体体验需求，并进一步明确用户的真实需求，以此定位设计创新的重点、形式和内容。

需求思维是基于用户的行为动机心理开展的研究方法，美国心理学家亚伯拉罕·马斯洛（A.H.Maslow）提出的需求层次理论将人的需求分为五个层级。

第一层也就是最基本层是生理需求，第二层是安全需求，第三层是爱与归属的需求，第四层是尊重需求，第五层是自我实现需求。第一层生理需求、第二层安全需求都属于缺失性的需求，这些属于人的生存、生活的最基本的需求。生理需求包括要维持生存基本的对自然界的物资需求和动物的本性需求，安全需求主要包括能够保障生活稳定且不受影响的就业、资源、健康、财产和安全，这些是安全生活的环境条件和物资资源。第三层和第四层属于成长性需求，第三层爱与归属的需求，主要指的是社会关系的处理，包括家庭关系、朋友关系、同事关系、邻里关系等与其他社会成员之间的情感联系，能够在这些社会关系中获得归属感，能够被他人关心、帮助和被爱。第四层尊重的需求主要指在生活中取得一定的成就，能够给予自己充分的自尊和自信，并能够获得他人的尊重和对自己的价值的肯定。第五层自我实现的需求属于人的最高层次的需求，主要指人对世界、自然、社会、人生有了更加客观的认识，个人的价值观、道德观、人生观有了较大层级的提升，会根据自己的需要和梦想自发地开展一些活动，可以坦然地接受和面对一切事实，能够发挥创造力去解决问题，能够进一步去激发自己的潜能，去实现个人的理想和抱负，让自己在社会中、自然中更有价值。[①]（见表 4–2）

表 4–2　人的需求层次

| 生存 | 生活 | 社会关系 | 价值 | 自我 |
| --- | --- | --- | --- | --- |
| | | | | 5. 自我实现 |
| | | | 4. 尊重 | 自发、道德、梦想、创造力、接受事实 |
| | | 3. 爱与归属 | 自尊、自信、成就、尊重 | |
| | 2. 安全 | 情感、归属、友谊、家庭 | | |
| 1. 生理 | 安全、职业、资源、健康、财产 | | | |
| 缺失性需求 | | 成长性需求 | | |

需求层次的变化会根据年龄、认知、收入的变化而产生变化，也会在从事某个行为、事的过程中，在其某一个时间点、时间段内同时有多个层级的需求或是只有一个需求。当人进入老年后，生理机能逐渐退化，对需求会产生一个反向的需求变化，安全和生理需求会成为首要的需求。

## 三、体验思维

体验是客观事物在人的大脑中生成的直接感觉、多感官综合知觉以及感觉和知觉不断重复、叠加之后所形成的综合印象、情绪、感受。人们在从事某一行为方式的过程中、用户在使用产品和服务的过程中，都会产生体验。体验，

① 郭亚军，袁一鸣，李帅，等. 元宇宙场域下虚拟社区用户信息需求 [J/OL]. 图书馆论坛，2023(12):1–10[2023–11–30].

既包括基本的针对触点的感觉、知觉，还包括全过程的、全触点的、综合的、整体的情绪、情感体验。

影响用户体验的最直接的内容是第一时间被感知到的事物在大脑中所产生的感觉，即客观事物、产品、服务与人的感官接触后，在大脑中产生的印象或产生的直接影响。我们在购买或使用一个产品时，首先会看到产品的外观，包括色彩、材料、轮廓、结构等，还包括产品的包装、产品信息广告中的图形、图像、文字和色彩等。然后会通过手去抓取产品、用鼻子去闻、用舌头去品尝、用耳朵听产品，然后分别产生触觉、嗅觉、味觉和听觉等感觉，这些都是单个感官产生的感觉的初级体验。大脑对多个感觉进行综合分析后，基于用户的基本认知能力，会产生一个主观的结论和认识，即产品的重量、规格、质量、品质等，这就是人的知觉。知觉相对初级的感觉来说，观察事物是全面的、综合的，但也不一定是完整的、真实的和准确的。

人们在从事某件事情的过程中，或者说用户在使用某一服务的过程中，会有很多细致的行为发生，众多的行为按照时间轴向连接起来就如同一个复杂的行为旅程。在行为旅程中的每一个阶段、每一个行为，人们（用户）都会与周围的事物产生接触，包括眼、耳、鼻、喉、手这五个感官的直接接触，还包括多个感官同时对同一事物的综合接触。人们在接触外界事物的行为旅程中，很多触点会产生痛点，这些痛点一般是由问题产生的，问题分主观与客观两方面，也有的是因需求没有满足而产生的，因此针对这些痛点也会产生相对应的需求。这些问题和需求，则是要通过产品、服务的创新来解决和实现，其次还要以技术创新、管理创新、设计创新等工作为基础和支撑。

行为旅程的表述可以按“动作＋物、人、事”的格式来表达，触点可以按照“感官＋物、人、事”的格式来表达，痛点的表述即是不好的感觉、知觉。需求的表述一般是抽象的、不具体的，一般是与痛点相反的，也包括比较简单的人、事、物等。以我们日常喝水的行为为例，行为旅程可以表述为“用手取玻璃杯喝热水”，“动作”是取、抓握、拿，“物”是玻璃杯、水。触点包括“眼睛看到杯子、水、蒸汽”“手抓握杯子”“嘴唇碰到杯子口”。在这个行为旅程中可能会产生多个痛点，包括“水浑浊、不安全、不卫生”“水杯烫手”“杯子滑”等。需求是“干净的”“健康的”“不烫手的”“便捷的”等抽象的、不具体的概念，也可能是具体的人、事、物，包括细心照顾自己的母亲、水经过过滤消毒、带把手的杯子等。再比如说，我们在去咖啡店购买咖啡的用户行为旅程中，其中一个阶段是我们最后接过咖啡，其行为旅程为“从咖啡店服务员手中接过咖啡”，触点是“伸手接咖啡”“听到服务员说小心烫手”等，痛点是“单手抓不稳”“服务员声音太小”“不热情”，围绕痛点产生的需求是“抓取方便的”“热情的”等等。整个行为旅程中的触点、痛点和需求表达，如同生活中的事情。我们遇到一个人，观其貌，穿着邋遢、面貌狰狞、行为怪异；听其言，不礼貌、粗俗、大声，感觉不礼貌、不讨喜、不正常；知觉是“遇到坏人”；痛点是“反感”“紧张”“害怕”；需求是“安全的”“可信任的”“温和的”“礼貌的”“能够保护自己的”等。

通过用户的行为、触点、痛点研究得出的需求是具象的人、事、物的话，则最后产出的是对现有社会资源的整合，即将现有的人力劳动、物（产品和物资）、资金、信息等进行整合，最终形成的是服务，即服务设计的思维。用户对于内心的体验需求，不全是能够使用现有社会资源能够实现的，可能还需要更多的创新性的产品。而且用户所表达的需求也不一定是直接的、真实的，大部分是抽象的、概念化的。

体验是人一种对事、物的主观面的整体性感受。包括感官直接产生的感觉、多个感官综合之后形成的知觉、多个触点连续多次影响之后使用户产生的情绪、与用户内容达到深度沟通、交流和理解之后所形成的情感。好的用户体验是人们对美好事物功能特质的高度理解和认可，是用户个人需求达到较好满足的内心实现，是对个人价值、存在的高度认可。（见表 4-3）

**表 4-3 体验的分类**

| | |
|---|---|
| 全流程综合感知 | 情感 |
| 多触点多感官综合感知 | 情绪 |
| 单触点多感官综合感知 | 知觉 |
| 单触点单个感官基本感知 | 感觉 |

体验思维是通过研究目标用户在特定情境下从事某事的习惯性行为旅程，发现感官感知接触到的外界的事物之后产生的单个感觉和综合心理感受（知觉），分析其全过程的情绪变化，针对不同痛点研究提出缓解、改善痛点体验的方法。这些痛点是由触点直接引发的心理变化，只有通过改变感知方式、增减感知时间或数量来提升心理感受。

体验思维是关注用户行为全旅程触点体验的思维方式，需要遵循系统性、开放性、全面性的系统原则。以提供产品和服务来满足用户需求和创新交互流程来提升用户体验为目标的服务设计，系统性是其基本特征，从系统角度讲，提升用户体验的方法即通过设计环境空间、创新产品外观功能、改变人机交互方式以及增减人力触点等方式来实现。实现的基础则是通过增减系统要素、创新要素关系、建立服务平台、开发触点产品等方法来构建全新的服务系统。

体验思维强调由低到高的本能层、行为层、反思层三个层次。本能层体现的是用户的印象感受，包括通过五个感官可以得到的感觉信息。行为层体现的是用户与产品之间的交互，包括打开方式、操作流程等，涉及产品功能的可用、易用、好用、爱用等多个等级，是在用户使用产品过程中和使用产品后的感受。反思层体现的是用户对产品和服务的整体认知、理解，是用户与产品或服务建立的心理的、情感的内在联系。通过不同层级的划分，可以帮助设计师更好地来分析和定义用户的体验内容。①

① 罗仕鉴，朱上上，等.用户体验与产品创新设计[M].北京：机械工业出版社，2018:1-17.

体验思维又分为五个层级要素，包括表现层、范围层、结构层、框架层、战略层，五个层级是具体到抽象的转化过程。表现层主要关注的是视觉，范围层关注的是功能、规格和内容需要，结构层关注的是交互与信息架构，框架层关注的是界面、导航和信息，战略层关注的是需求。[①]

## 四、系统思维

系统思维是一种以系统论的原理、观点作为指导，针对不同事物进行分析、认识的思维方式。系统包括目标或功能、要素和关系三个主要内容，目标或功能分整体目标或功能和局部目标或功能。系统内的要素之间不断产生联系，形成相对稳定的关系，围绕目标或功能向前发展，系统会受到外部环境的影响产生变化。

系统思维是一种科学思维、逻辑思维和理性思维。系统思维将所有事物看作一个整体的、全局的、相互联系的、动态发展的有机整体，通过分析要素个体与系统整体的联系、要素个体之间的联系和系统整体与外界环境的联系，研究它们之间相互联系、相互作用、相互影响的方法和路径，来发现事物的内部结构、功能和规律并开展创新活动。

系统思维具有整体性、结构性、立体性和动态性等特征。运用系统思维开展研究，就必须从整体与局部的关系、整体与个体的关系分析事物，不能片面地从一个点开展分析，不考虑与其他要素或更大系统的联系。系统的结构决定系统的功能，结构性特征就要求从系统的结构去认识系统的整体功能，通过整合最佳系统结构，形成最优系统功能。立体性特征就要求不仅要分析系统的内部要素和外部环境的关系，还要分析系统与其他系统之间的关系，采取纵向加横向的立体化对比分析方法，关注时间、空间的变化，辩证地研究事物。系统

---

① 诺曼设计心理学3：情感化设计 [M]. 何笑梅，欧秋杏，译 . 北京：中信出版社，2018:49－70.

是不断变化发展的，系统内部要素之间在不断产生联系，系统是开放的，系统外的事物也会不断影响系统发展，动态性特征就要求用发展的眼光看待和分析事物，要求避免孤立的、单一的、线性思维研究事物。

## 五、服务设计思维

服务设计思维是一种综合的系统战略思维，其关注事情的整体目标、全触点问题、全流程体验、全要素关系，以解决问题、满足需求、提升体验为多层次、全方位的目标。

服务设计思维涵盖了问题思维、需求思维、体验思维和系统思维等创新思维形式。其通过问题思维来发现、分析问题的结构复杂性，通过分析问题产生的多方面、多层次原因，来明确服务设计的创新目标和创新路径。通过需求思维可以明确用户对产品或服务需求的基本形式和特征，明确服务设计的基本原则。通过体验思维，可以发现影响用户情绪变化的触点，清晰定位服务流程、服务触点需要创新的内容。系统思维则将用户的问题、需求、体验等内容作为一个整体进行研究，将社会系统内的要素和服务系统内的要素进行整合创新，构建要素之间全新的合作关系，以实现服务系统内各要素的利益实现和价值实现。

围绕服务系统的整体目标，基于服务发生的特定情境，服务设计思维充分整合社会系统内的各个要素，创新要素之间的关系，强化要素之间的服务内容（物资、资金、信息、人力等）的输入输出，构建相对整体的、全面的系统平台，并基于系统实现的需要，创新服务平台的形式和产品的功能。帮助人解决问题、满足需求、提升体验、创造价值，最终以创新服务流程、创新流程触点、提升用户整体体验为结果。服务设计思维以人为中心，除了用户以外，还要关注利益相关者和服务提供者的利益，只有系统内所有参与者的利益得到保障，才能够保障系统的顺利、高效和可持续运行。

服务设计思维交叉融合了设计学、管理学、社会学、心理学等不同学科的基本知识、方法和工具，综合形成了相对系统且具有一定高度的创新思维策略。在服务设计思维中，通过设计学的创新方法，帮助服务设计师去解决主观用户的问题和客观环境的问题，运用设计的创新结果来满足用户的需求。管理学则帮助服务设计师更好地理解并优化服务的流程，更加有效地对要素资源进行组织。社会学主要帮助服务设计师正确分析社会结构、社会行为，从社会系统的高度去整合资源，创新服务系统架构和服务关系。心理学则能够较好地提升服务设计师对用户的认知、行为和情感的理解，深层次研究用户在不同环境外在因素的影响下基于认知的行为与情感的关系。（见表 4-4）服务设计思维交叉融合所形成的策略能够有效帮助设计师面对较为复杂的问题和系统的挑战，最终能够产出具有较高价值的创新成果。

表 4-4　思维、学科与创新策略

| 交叉融合 | 服务设计思维 | | | |
|---|---|---|---|---|
| 思维 | 设计学 | 社会学 | 管理学 | 心理学 |
| 学科 | 问题思维<br>需求思维 | 系统思维<br>问题思维 | 系统思维<br>体验思维 | 问题思维<br>需求思维<br>体验思维 |
| 创新角度 | 产品<br>交互 | 系统<br>社会关系 | 流程<br>管理 | 环境认知<br>情感 |
| 策略 | 系统、流程、产品、交互、体验、价值 | | | |

## 第二节　思维之间的逻辑

### 一、问题思维与需求思维

原始人类生存条件恶劣，很多人被冻死，这是问题。在自然环境无法改变的情况下，他们就要提升自己的御寒能力，就产生了保暖的需求。于是他们去捕猎动物获取动物皮毛，将动物皮毛包裹到身上来御寒。但是因为皮毛与身体贴合度不够，不够保暖，所以就需要用一种工具将皮毛进行裁剪和缝合，于是就有人用石头制成了刀，将骨头磨成了针，做成了既能够保暖又好看的皮毛外套，这样就满足了需求。

在贫苦的日子里，人们奢望能够每天都可以吃饱，顿顿白面馒头、大鱼大肉。富裕之后的人们，一日三餐都吃得很饱，但接着发现身体发胖，三高并发，于是开始健康饮食、锻炼减肥和吃药治疗。吃饱本来是需求，到后来变成了问题产生的原因之一。从这些生活的例子来看，问题和需求的产生是密不可分的。简单一点来说，当问题产生的时候，就会产生需求，当需求不能满足的时候，又会产生新的问题。问题和需求虽然是可以相互转化的，但是它们的关系不是简单的因果关系，这涉及问题的本质和需求的逻辑。

一般情况下，用户知晓的都是问题，但是一般不知道需求，即使提出了需求，也不一定是真实的需求。设计师要帮助用户明确基于自身问题的最好的解决方法是产品还是服务。功能型产品能够有效解决问题，但单个产品即使是智能产品也不能完全满足用户的需求，更不能够满足用户的全旅程的体验需求（如旅游服务）。

问题是“事”的不好的结果，是矛盾、疑难、事故和麻烦，基本属于痛点和不好的过程体验。在生活中，我们一般会通过某个工具型的产品、某些物资类产品或他人的人力服务来解决问题。需求则会因为人的心理需求层次不同分为生理需求、安全需求、爱与归属需求、尊重需求和自我实现需求。当需求没有被满足的时候甚至是没有较好地满足（与期待标准有差异）时，就产生了问题。另外，当受外部环境影响之后，也会产生新的需求或更高的需求，这种需求尚未得到满足即成为问题。

生活中我们遇到的问题一般都有快速解决的方法，包括通过人的智力和体
进行着
力劳动、专业能力和技术素养以及产品。但有些问题得不到彻底解决的话会反复出现，因此就会有需求的出现，而满足这些需求就不能再使用之前的简单的解决问题的方法，就需要相对来说复杂的方法，包括产品以及人力服务在内的

服务系统。例如，在汽车这个交通工具的使用中，车辆的外观、车辆的行驶、车辆在高速公路上行驶，就是从“物”到“事”再到“具有特殊情境的事”的变化，其中会产生问题、需求等不同的内容。车辆脏了就会成为问题，影响车辆的外观和人的情绪，解决这个问题的方法有多种，要从客观原因和主观原因两个角度分析。而这个问题的经常出现，就促使用户产生了新的需求，这些需求可以有效满足用户的体验。车辆在行驶中出现的问题，以及问题结局的复杂性，也间接推动了需求的形成。在高速公路这个特殊情境下的问题更加复杂和危险，解决的方法难度也较大，这时候用户需求的迫切性就显而易见了。（见表 4-5）

**表 4-5　车辆的问题与用户需求**

| 问题与解决方法 | | 事、物、情境 | 需求与满足需求的路径 | |
|---|---|---|---|---|
| 汽车脏了 | 停放到车库内<br>下雨天不开车<br>做好日常维护<br>定期洗车<br>遮盖车衣 | 汽车外观 | 汽车不容易脏<br>不需要自己清洗车辆<br>轻松维护 | 汽车贴膜<br>洗车服务<br>液体覆膜<br>打蜡<br>车棚车库 |
| 车辆行驶过程中有噪声 | 停车检查<br>开到维修店检查维修<br>更换配件<br>维修车体 | 汽车行驶 | 静音<br>异常情况自动报警 | 隔音处理<br>自动报警系统 |
| 车辆在高速公路上抛锚 | 安全停放车辆<br>转移人员<br>呼叫救助<br>紧急维修 | 汽车在高速公路上行驶 | 安全到达目的地<br>有警察快速到位提供指挥<br>拖车与维修人员同时到达<br>就近获得专业维修 | 快速救援<br>及时维修<br>远程指导<br>避免二次事故 |

## 二、问题思维与体验思维

问题思维的核心目标是解决问题，在确定问题、寻找原因的同时发现事物的内部规律，并以此开展创新活动。问题思维属于逻辑思维，注重逻辑推理和事实依据。问题思维注重对事物的全面、系统、科学分析，在分析中发现问题本质。问题思维的结果评价是以是否解决问题为标准，无论什么形式的结果，都不能脱离解决问题这个目标和标准。

体验思维以重点研究并实现的是人的体验和感受为切入点，侧重人的情感导向和感性认知，属于以感性思维为主的设计创新路径。体验思维针对的一般是事物的整体影响，强调全过程、全触点的综合感受。

问题思维和用户体验思维都包含在服务设计思维中，两种思维的结合能够更好地完成服务设计的创新工作。问题思维可以通过思维导图的形式，从问题的内因、外因，从原因的主观、客观角度深度分析，有针对性地提出解决方法。也可以使用用户体验图工具进行研究，这里的问题，实际上是用户在某一行为旅程中触点产生的痛点，这些痛点就是综合体验这个问题的详细内容、具体内容。我们可以将这些痛点产生的需求作为现有产品和服务需要重点解决的内容。

用户体验思维与其流程略有差异，用户体验思维在开始研究前，不明确具体的问题、需求还是体验，使用用户体验图这一工具的目的，是首先发现引发体验不足的触点，然后通过创新产品和创新服务来改变服务、产品的行为旅程和外观、功能。

## 三、问题思维与服务设计思维

问题思维侧重的是问题的发现、分析与解决，服务设计思维主要关注用户的需求和体验。问题思维侧重于解决问题的答案，服务设计思维则侧重服务的创新，以满足更高层次需求、提升全流程体验为目标。

问题思维主要通过调查分析等推理性的逻辑思维来开展创新，服务设计思维则是通过观察、参与用户的生活并通过原型制作等来发现、了解用户需求。问题思维偏重从不同的角度研究问题，包括主观与客观、技术与管理、收入与支出等，而服务设计思维更加注重从用户的角度和利益相关者的需求和体验角度去分析他们的行为。

问题思维最终可以产出一个或多个解决方案，但服务设计思维最终产出的是一种服务，在满足用户需求的基础上提升用户的体验。问题思维一般针对的问题是已知的，而服务设计的思维则是对未知的需求与体验的创新。问题思维并不重视用户的参与，而服务设计思维则将用户参与作为基本原则，将用户的设计全流程参与度作为影响服务设计产出方案的重要因素。

问题思维的主要目标是针对问题解决问题，难度小，而服务设计思维则是研究系统的要素与要素关系整合创新，难度大。问题思维在提出解决方法后就基本完成了，而服务设计思维则是要不断地改进和持续地迭代。问题思维是静态的，服务设计思维是动态的，会根据情境和用户的变化不断调整要素及其关系，持续优化流程。

产品解决的是一般性问题，满足的是基本需求。如交通工具类：一般问题（能够快速出行）——大问题（安全出行）——系统性问题（能源问题、生态问题）。而服务设计解决的是大问题、系统性的问题，这些问题，靠单个产品是难以解决的。比如出行，汽车设计得再小，也难以抵挡数量的激增，由此带来了大堵车问题、能源问题、空气污染问题。问题思维在服务设计中也是有价值的，基于问题去发现需求，然后研究需求的内容、形式和标准，依此明确设计要满足的需求层次。

问题思维可以帮助我们明确“事”的大小和系统特征，明确人的主观背景，确定服务设计的情境。问题思维一般针对的是小问题、个体性问题，大的问题、整体性问题或复杂问题产生的原因较为复杂，涉及系统，因此需要使用系统思维开展创新，服务设计思维就是系统创新思维。服务设计思维是针对复杂问题、系统问题的，复杂问题和系统问题一般是动态的、全过程的和针对整体的，复杂问题或系统问题的产生原因错综复杂，其事物内容既包括问题还包括需求、体验以及价值等。问题思维可以有效地实现产品的创新，服务思维则可以实现系统的创新。

# 第三节　基于思维逻辑的服务设计创新思维策略

## 一、问题与需求的服务设计导向

问题是针对刚刚出现的、已经发生的或过去一直在发生的事，而需求则是对现在和未来即将发生的事的规划、谋划，具有创新引领、指导性的作用。作为设计创新的设计导向来说，需求导向更有利于设计创新，更有利于引领消费、引领经济发展。而问题导向的设计创新，首先可以帮助正确地发现问题、定义问题（本质），明确设计创新的方向，也能够在分析原因并研究形成解决方法后，有效保障“事”的顺利开展和正常进行，更在解决问题的同时总结经验，发现避免问题再次出现的方法。

问题和需求之间是可以相互转化的，或者说有些问题本质上是需求的未满足，问题导向研究的成果可以成为需求导向研究的前期调研分析，以此明确需求的定位。问题和需求作为服务设计导向，可以实现对事物的深层次剖析，清晰明确地发现事物的内部结构机理，也可以真实、准确地定位人的需求。需求如果能够较好地实现超前满足和引领消费的话，就会避免很多问题的发生。（见表 4–6）

**表 4–6　问题与需求导向**

| | | | | | |
|---|---|---|---|---|---|
| 问题导向 | 产生问题<br>存在问题 | 发现问题<br>分析原因 | 形成方法<br>总结经验 | | |
| | 过去 | | 现在 | 将来 | |
| 需求导向 | | | 分析需求<br>定位策略 | 新生活方式<br>新消费 | 新策略 |

问题思维和需求思维，是在进行了大量的客观事实分析基础上开展的逻辑思维、科学思维，以事实为依据、以逻辑为路径。经过逻辑判断、推理之后，

才能够把握事物的本质规律，以较高的水平去认知客观世界。

在服务设计中，我们可以基于问题思维开展用户研究，去发现作为主观原因的用户的生理和心理特征、行为习惯、收入和消费等信息，去研究用户在具体行为过程中不同时段、不同触点时产生情绪变化的内在原因，帮助我们正确提炼关于需求的有价值的信息，帮助我们准确定位需求的不同层次内容，实现需求的可视化表达。

## 二、体验与系统的服务设计导向

体验是关注用户行为全旅程、多触点的，即关注“事”的，而“事”是复杂的、系统的，影响体验的要素是多方面的，直接影响或间接影响都是体验产生的路径。体验包含直接的感觉、直觉、情绪和情感，分不同的体验层级和维度。

体验既是开展服务设计的设计导向，又是服务设计的整体目标之一。帮助用户实现在服务中的全过程、全方位高度的情绪感知提升，是服务设计系统性特征的重要体现。系统思维则能够始终把服务设计的对象作为一个整体开展研究，从系统高度研究影响用户体验的重要因素，包括用户的利益相关者、用户行为旅程中的触点等等①，去分析和研究系统内的要素对用户的情绪感知影响，并基于用户的痛点和需求，进一步深度研究提升用户体验的触点产品、新旅程和服务平台。

系统视角的体验提升策略，就是要将服务的目标作为系统的目标，服务的提供者、参与者和用户作为系统的要素，研究用户与产品的交互、用户与服务提供者和管理者的关系以及服务提供者之间的关系，作为系统要素关系研究的基本内容。要充分考虑系统建立的外部环境影响和内部架构支撑，在社会系统

① 林颖，梅云，顾宪松.峰终定律在慢性病健康管理服务系统中的用户体验应用[J].包装工程，2019,40(10):221-226,231.

的大系统中，充分结合小系统、微系统，建立一个相对开放的、能够不断自我完善的健康系统。

## 三、“以人为中心”的服务设计综合创新思维策略

服务设计是围绕人的问题、需求、体验开展的创新工作，“以人为中心”是开展所有工作的基本原则。“以人为中心”的综合创新思维策略，就是将人作为系统的中心、核心，将人的问题、需求、体验作为研究内容和目标。从用户的角度去发现问题、需求和体验，关注用户的行为，发现用户的个体差异，将用户纳入设计创新过程，与用户一起共创。

服务设计的“以人为中心”的设计原则，决定了服务设计需要充分融合服务思维、系统思维、体验思维、需求思维开展设计，而不单纯是基于问题思维。问题思维最终的归因包括主观和客观两方面，主观原因主要是人的特征、习惯、收入消费和需求层次、文化修养、能力和素质，针对这些原因，解决的方法是复杂的、历史的、长期的，需要从教育、培训、学习等角度提出解决方法，这些方法本身就会给人带来更多的问题，这不符合设计和服务设计的“以人为中心”的原则，我们也不能要求人们具备所有的能力来自己完成事情。

在服务设计中，问题思维的价值主要是帮助我们分清和明确产生问题的客观原因有哪些，即明确用户行为过程中情绪影响较大的客观触点是什么。主观原因是用户的特征、习惯收入和消费水平以及文化修养、能力和素质，这些是服务设计研究的情境限制，我们不能也不需要去做强制性改变，针对一些因人的主观原因产生的问题，服务设计思维就可以通过提供人力劳动替代用户本身的劳动来解决问题。而针对需求未满足而产生的问题，我们就可以细致地研究用户的需求内容，并依此开展产品和需求的定位。服务设计思维则重点强调客观事物对其的影响，着重考虑人的需求、体验，从改善人与人的关系、人与物的关系角度开展创新。

# 第五章
# 从老年用户定位研究到居家养老服务目标

## 第一节　老年用户人群定位研究策略

用户研究是开展服务设计的重要一环，通过对目标人群的调查研究，可以帮助服务提供者和设计师快速了解用户的基本信息，为下一步开展服务系统的研究创新做好基础数据准备。老年用户是一个较为庞大的群体，在服务设计的研究过程中，既要有对老年用户人群的整体特征研究，又要有更加细致的用户人群划分，以便明确老年用户人群的共性和个性。

老年用户人群可以按照多个方式进行定位，包括性别、年龄、健康状况与自理能力、收入与消费、受教育程度、职业与身份、爱好等。按照老年人的生理年龄不同，可以分为低龄（青年）老年人、中龄（中年）老年人和高龄（长寿）老年人，低龄（青年）老年人是55~70岁的老年人，相对还年轻有活力，中龄（中年）老年人是70~80岁的老年人，身体素质明显下降，高龄（长寿）老年人是80岁以上的老年人，身体机能相对较弱。[①]

---

① 王佳．"文化养老"——一种积极的养老方式探究[D]．呼和浩特：内蒙古大学，2017.

按照健康状况和自理能力划分，可以分为活力老年人、半失能老年人、失能（含失智）老年人。

按照受教育程度划分，可以分为小学以下（含未上学）、小学、中学、大学四类，据2019年相关数据统计，我国老年人受教育程度普遍不高，大学以上的占比3.1%，中学占比25.8%，小学及以下包括未上学的人数占比71.1%。

按照收入和消费的差别，可以按照月收入和月消费进行细致的划分，可以分为高收入高消费老年人群、大众消费老年人群；还可以按照爱好不同进行划分，比如，登山爱好者、广场舞爱好者、健身达人、朗诵爱好者等。

老年用户人群的另外一种划分方式就是以单个或多个限制条件来限定的人群，属于特殊老年人群，包括患有某种疾病的老年人群、身体有残障的老年人群；还包括按居住地不同进行的划分，比如，城市老年人群和农村老年人群、一线城市老年人群和二线城市老年人群；还有的是按照以上多个划分标准综合分析定位的人群，如精英老年人群与大众老年人群，这个人群是按照文化程度、社会活动参与、人际资源、社会影响力等情况进行划分的。在实践中，实际上使用多重划分方式来定位一个人群，最终可以生成一个典型特征信息非常明显的老年用户人群。

不同的用户人群，生活方式上与其他人群有较大差别，遇到的问题以及对事物的认知也不一样，在需求的层次上也会有较大差别，在发生的行为或接受的服务中体验的结果也会各不相同。

## 一、老年用户的定性研究和定量研究

老年用户的定性研究主要包括观察法、问卷调查法、访谈法以及用户角色模型法等。观察法可以帮助我们快速了解和记录他们在生活中的痛点和需求。问卷调查法则可以客观地统计老年用户的基础数据、行为数据，能够获得较为丰富的老年人生活的信息。面对面交流的访谈法，可以通过老年人的主观表述，去掌握他们的内心期待和情感需求。

用户角色模型法也叫作用户画像，它能够帮助研究者清晰理解老年用户人群的标签化信息，较好地模拟老年用户人群的行为与场景，更好地验证问题、需求和体验的真实性、有效性。用户角色模型（用户画像）是对真实用户数据信息的可视化表达，简洁明了、抽象特征明显的用户角色模型（用户画像）可以突出重点、弱化不重要的信息。

用户角色模型（用户画像）内容主要体现的是某一个用户人群普遍存在的共性特征，包括作为人口的基本属性、社会属性，生活的习惯、行为特征等信息，人物原型则可以通过一个与人群特征相关的名字、人像图等清晰表达。

用户角色模型（用户画像）所表述的具体信息包括生理特征、心理特征、社会关系、行为习惯、收入与支出情况、消费习惯等，其中，生理特征主要包括年龄、性别、体重、身高、体力与智力、能力与素质、健康状况等；心理特征包括人格特点、价值取向、经验、认知等；社会关系则是指其作为社会成员的家庭关系状况、职业关系状况、社会资源占有状况（享受什么样的福利待遇）等；行为习惯指的是某一行为发生的固定性的流程，惯用的方法、模式和路径；收入与支出情况指的就是其在资金方面的支配能力；消费习惯就是作为消费者在购买商品或服务的时候习以为常的做法。通过用户角色模型（用户画像）的可视化表达，用户可以更加形象地展现在我们面前，有助于更好地站在用户角度开展问题、痛点和需求分析。（见图 5-1）

老年用户的定量研究主要通过文献调研法和问卷调查法，帮助我们收集足够多的数据，分析生成有价值的信息。定量研究的逻辑性特征，可以帮助我们有效分析用户的行为与需求，保证设计创新结果的价值。

无论是定性研究还是定量研究，无论是透过事物的质来看量，还是透过事物的量来分析质，其结果都是为了更好地发现事物的本质，研究事物的规律。都是为了更好地研究老年人的痛点、需求和体验，形成有效的数据支撑和有价值的信息内容。

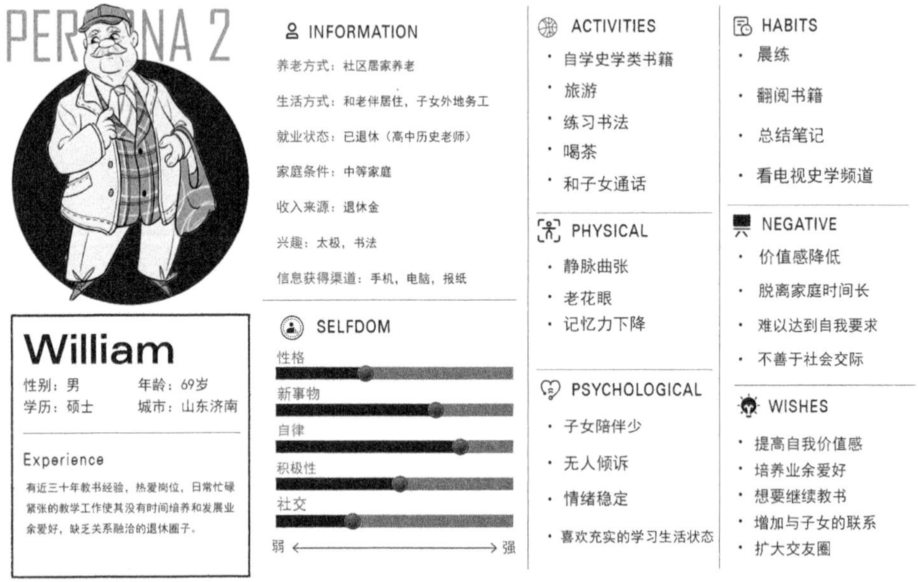


图 5-1　居家养老“高知型”老年用户画像

## 二、老年用户研究的系统性

开展老年用户研究需要坚持系统性的原则，既要把老年用户作为一个系统进行研究，也要把老年用户放在系统里面进行研究。这样才能保证研究结果的科学性、真实性和有效性。

开展老年用户研究要全面、科学、系统地开展用户调查、分析和研究，明确研究的对象和目标，有效分清老年群体、老年用户的一致性和差异性；要在事情和行为发生的全过程中研究用户，以静态与动态结合的发展的角度去分析用户的问题、痛点、需求和体验；针对用户行为情感反馈，要从整体体验到单个个体触点情绪变化的关系中不断对比分析；要把用户作为社会系统的要素开展研究，分析其在社会系统中的属性、位置、关系和价值，研究能够与其产生关系的社会系统其他要素，进一步明确利益相关者、服务参与者、服务提供者、服务管理者，以此能够围绕用户的需求和体验构建全面、完整的系统；居家养老的老年用户研究，除了要在限定的生活情境中开展研究外，还要充分将家庭系统、社区系统和社会系统进行跨系统的融合研究，明确系统之间的关系和影响，推动系统的可持续、健康发展；系统开展老年用户研究，还要从服务的输出、输入两个角度进行研究，参与服务的社会系统要素以及老年用户本身，既要是服务的受益者又要是服务的提供者，这样才能保证其在系统内的有效价值和长久存在。

## 第二节　对老年人群的整体认知

### 一、老年人群基本状态

在生理方面，随着年龄增长，人的身体机能会不断下降，感知系统、肌肉骨骼系统和思维系统都会出现明显的功能衰退。老年人群在触觉、视觉、味觉、嗅觉和听觉上的变化，影响了老年人群对光的感知能力，导致在色彩辨别、视力清晰度、视觉捕捉等能力上都有所下降；触觉、视觉、味觉、嗅觉和听觉的整体下降，严重影响了老年人群对周围信息的接受能力，严重的则产生了信息交流的障碍，间接影响了老年人群心理；肌肉骨骼系统方面的变化，导致老年人群无法从事大幅度的剧烈运动，也不能长时间从事某一行为；思维系统的衰退，导致了老年人群在认知能力、注意力和记忆力等方面都与年轻人或青年时期的自己有了较大差距。[①]

在心理方面，由于退休之后在生活节奏、生活内容和生活范围上都发生了较大变化，社会角色和社会关系也产生了很大的改变，因此对老年人群的心理

---

① 唐艺.人口老龄化视域下的老人身心需求研究与建议——基于ERG理论模型分析[J].南京艺术学院学报（美术与设计）,2020(03):157-164.

产生了较大影响。老年人群明显出现了安全感下降、失落、自卑、孤独和空虚等感觉。再加上生理特征的巨大变化，导致对新事物的认知能力、接受能力减弱，自身容易产生巨大的失败感、落差感。

## 二、老年人群日常行为特征分析

在用户日常休闲行为方面，老年人群普遍具有规律性、长期性、私密性和聚集性四个特点。他们一般具有固定的场所、固定的社群关系、固定的时间和固定的休闲行为方式，这种固定的社群关系一旦固定下来，便会形成长久的习惯，其他人很难参与，一般不会轻易改变。

在日常起居行为方面，老年人群一般具有自己多年养成的、独特的起居习惯，所以他们的日常起居非常有规律性，但是这种规律性却非常容易受到环境改变的影响，因此老年人群不会轻易主动改变起居的环境和方式。

在日常购物行为方面，普遍具有实用性、习惯性、廉价性、从众性和补偿性等特点。他们比较侧重商品的使用价值，会根据自己的习惯去选择商品的种类，更由于主观认知能力的减弱，非常容易相信他人的意见和选择，最终产生了非理性消费行为。由于老年人群年轻时较多经历过艰苦的生活，所以大都养成了艰苦朴素的习惯，在购买商品时会有意识地选择价格相对低廉的商品。还有很多老年人在消费时存在着补偿自己过去没有实现的需求的心理，体验养生、健康等自己之前没有尝试过的消费模式，以此获得心理上的补偿满足。

## 三、老年人群的媒介信息素养

媒介信息素养是老年人群认知信息、传播信息和使用信息的能力，这种能力会直接影响到老年人群学习、生活和从事各种社会活动的效果。较高的媒介信息素养和对老年人友好的媒介信息环境，会让老年人群的生活体验度更高，会促进老年人群获取线上资源服务生活的积极性，也会让老年人群有机会、有能力参与社会服务和实现个人价值。①

互联网、数字媒体技术的高速发展和传统纸质媒体、电视媒体的消亡和弱化，对老年人获取信息产生了较大的影响。学历、知识结构的现状，也影响着老年人群对数字媒体、新媒体的信息平台和信息传播方式的接受程度和参与性。

养老服务设计开展老年用户研究，首先要明确目标用户人群的媒介素养标准和能力层次，以此发现用户在行为过程中产生问题、痛点的根本性原因，明确用户需求的本质性内容和形式，最终能够有效产出基于用户基本媒介素养的平台型和实物型产品和系统，使老年用户人群可以通过服务系统获取个人的需求和实现自己的价值。

## 第三节　老年人群日常行为分类与用户行为界定

### 一、老年人群日常行为分类

为老年人群开展的服务设计，不仅仅包括社会系统层面的居住、医疗、教育等大的服务目标，还包括老年人群在日常生活中的“衣食住行”“柴米油盐”“游购娱”等较小的服务目标，这些大大小小的服务目标就是老年人的日常行为，都是影响老年人群体验的重要内容。

老年人群的日常行为分类可以分别按照活动和行为类别、生活场景、生活目的、特定情境等不同方法分。按照活动和行为类别可以分为：职业工作、志愿工作、休闲娱乐、日常生活必需等；按照生活场景可以分为：居家、社区、商超、银行、工作单位、旅游地、广场等；按照生活目的可以分为：出行（长

① 刘金怡，曹东云，罗军涛．加拿大老年人媒介信息素养研究进展及其启示[J]. 教育传媒研究，2023(03):100－107.

途、短途、长时、短时；步行、骑车、乘公交、租车等）、健康保健（锻炼、诊疗、体检、购药等）、社会交往（聊天、社区活动等）、价值（志愿者、助人、帮助子女等）、医疗（日常、急诊等）、饮食（居家、酒店等）、购物（线上、菜市场、集市、社区蔬果店、大型商超等）、娱乐（阅读、听音乐、绘画、旅游等）、健身运动（跳舞、打球、武术等）、装扮、法律、政务、学习、家务劳动（洗衣、做饭、打扫卫生、烹饪等）等[①]；按照特定情境可以分为：住院行为活动、自然灾害后行为活动、旅居行为活动、居家行为活动等，老年人群居家行为活动又可以分为睡觉、起床穿衣、洗脸、刷牙、如厕（马桶、蹲厕）、沐浴（淋浴、盆浴）、洗菜、烹饪、煮饭、吃饭、打扫卫生、看电视、听广播、躺床上休息、家庭维修、打电话、阅读、学习、健身等特定情境下的行为活动。

老年人群每一个日常行为活动的发生，都会与周围的社会系统中的要素或小系统产生关系，这种错综复杂的关系就是影响老年人群问题、痛点、需求和体验产生的外在因素，其基本特征和行为习惯以及认知能力、媒介信息素养等则是内因。

## 二、用户行为界定

用户行为可以简单表述为“为了解决某一问题、满足某些需求、提升用户体验和创造社会价值等”去“主导完成某一件事”或“参与完成某一件事”。主要指用户的日常行为、习惯性行为，也包括偶发行为或突发情况下的下意识行为等。

在服务设计研究中，要对用户的行为进行更加细致的聚焦和表述，以保证服务目标的清晰和准确。每一个行为都是一件事，事即系统。所以在做事的过程中会有很多影响事的过程和事的主体情感的要素，包括要素之间的关系。用

① 张锐.基于动态需求的老年公寓空间适应性设计研究[D].济南：山东建筑大学，2019.

户的行为表述一般是“行为主体（用户）+工具（路径、方法、媒介）+动作+结果（产品或服务）”这种格式，还要有一个情境的限制（情境可以在行为表述中体现，也可以单独进行更加详细的表述）。如高龄老年人用手机上网购买蔬菜（独居）、糖尿病老年人用玻璃杯喝水含服降糖药（居家）、老年人到社区领取垃圾袋参加捡拾垃圾公益劳动、婴儿手抱奶瓶喝奶（躺在婴儿床上）、大学生用吸管喝奶茶（下课后）等等。

用户的行为根据行为主体可以进行概括性划分，包括“使用某一产品（工具类）完成某一件事”“使用某一服务平台（网站、APP）完成某一件事”“依靠他人和他人提供的产品、环境、人力服务完成某一件事”“不依赖任何产品和服务和只依靠自己的身体、四肢、五官去完成某一件事”等。

“使用某一产品（工具类）完成某一件事”是用户作为行为发出的主体，如出租车司机用保温杯喝水，内容涉及工作环境，产品的功能、外观、使用方法等。主要研究的是用户行为与工具类产品的关系，进一步分析并创新产品的功能设计、外观设计和使用方法的设计等。

“使用某一服务平台（网站、APP）完成某一件事”是用户通过主体发出的行为与他人提供的产品或平台产生交互，如老年人用手机上抖音看视频，内容涉及智能产品、视频信息服务平台和服务系统，主要研究服务系统的平台架构设计、服务流程设计、交互体验设计、界面体验设计等。①

“依靠他人和他人提供的产品、环境、人力服务完成某一件事”是指用户作为服务的目标人群，行为发出的主体除了用户之外，还有其他服务人员，用户会与服务人员产生接触，如在酒店推拿，内容涉及服务的发出者——技师、服务管理监督、服务的场景和服务的工具型产品，还包括健身、酒店住宿、停车管理、社区照护等，这些行为发出的主体有多个，但核心还是用户的行为，主要研究用户行为与服务提供者行为、产品、平台等的综合接触体验。主要研

① 徐晓莉．基于服务设计理念的创客办公空间设计研究 [J]. 包装工程，2017, 38(14): 214-218.

究的是服务设计中的触点产品设计、情境场景设计、服务系统设计和服务蓝图设计等。

“不依赖任何产品和服务完成某一事”是指用户行为发出的主体，仅依靠自己的大脑、身体、四肢和五官，为了实现某一精神目标或非物质需求，自发性地使用自己的知识储备和各项技能与自然、他人交流。如沙滩散步、海里游泳、爬山观日出、独行西藏、陪老年人聊天、教儿童跳舞等，用户作为行为的发出者，与自然界的物质产生关系，与同一空间、时间内的管理者、其他人、物产生接触，内容涉及空间、生态和社会关系。主要研究的是人与自然系统中的要素和社会系统中的要素关系，在这个过程中可以提供产品或服务。

## 三、用户行为长度划分——行为旅程

用户的行为是“事”的准备、开始、发展、结束的全过程，即行为旅程。用户行为旅程是一个基于时间前行的空间上的发展变化、要素的发展变化以及要素关系的发展变化的过程。基于时间和事情发展变化的过程、结果，按照发展变化的时间长度和目标实现度，用户行为旅程可以分为全旅程行为和阶段行为两种。

全旅程行为指的是一件事情的准备（事前）、开始、进行、持续、结束和结束后全过程，时间长度大、跨度大，可以分为多个阶段，又可以分为多个小的行为。简单一点就是按照事前、事中、事后进行划分，清晰一些的话就用具体每个阶段的目标进行表述。阶段行为也有阶段性的目标和计划，也属于“事”的大系统内的小系统。

如果按照“事”的概念来说，凡是有明确的目标的一个阶段行为，其实就是这个全过程“大事”中的“小事”。如自驾旅行，自驾旅行是一个用户的全旅程行为，要在出发前做众多的准备工作，要用户亲自参与，会与交通、天气等目的地信息提供者产生联系，会与目的地酒店产生联系。自驾旅行的全旅程是一个时间跨度较大的行为，包括物资准备阶段、出行阶段、到达阶段、住宿阶段、游览阶段、体验特色文化饮食阶段、退缩阶段、返回阶段。自驾全旅程行为中的住宿阶段，是整个旅程中的重点阶段，这个阶段本身也有很多的行为旅程，也可以单独作为一件“事”开展研究，单独作为一个全旅程用户行为开展分析。在住宿这个全旅程行为中到店办理入住手续又是一个重要的阶段，也是对用户情感产生较大影响的阶段。

全旅程行为这种分类方式对于时间长度较大的行为，可以得到丰富的触点，发现环境中的人、物产生的交互关系，发现社会系统中的复杂关系。对于时间长度较小的行为可以研究得更为透彻，用户的行为流程会更加详细，触点及痛点和情绪的发现会更加全面、丰富。在开展服务设计的过程中，针对用户的行为定位，在时间长度上要明确限定，这样才能有针对性地围绕一个目标开展系统的创新。

用户行为旅程是按照时间轴线和叙事方式进行发展的，在发展过程中人会不断与周围的环境、产品、物资、人、组织等产生联系，还会不断地有新的要素参与进来，在不同的时间节点与用户产生联系。

用户行为旅程是用户的一个情感经历，这种经历是由众多的接触点连接起来的完整过程。服务设计不仅仅关注单个接触点的体验，更关注整个旅程的全触点体验。在用户行为旅程中的触点，可以基于整体旅程体验的需要，调整触点顺序来实现旅程节奏的改变。

开展用户行为旅程研究的目的，首先就是要实现“以人为本”和“以用户为中心”的设计创新原则。[①] 通过用户行为旅程的研究，我们可以发现用户存在的基本问题，通过对行为旅程的分析，发现用户与周围的人、事、物的触点，研究触点产生的情绪变化，判断用户的痛点（情绪低点）和爽点（情绪高点），发现触点体验的影响因素，明确体验研究的重要阶段，有针对性地开展需求分析和概念表达，明确设计创新的机会点以及产品和服务设计的目标、原则、标准。

---

① 王岳.数字媒体介入下中国社区博物馆服务设计研究[D].杭州：浙江理工大学，2023.

## 第四节　用户研究的情境

### 一、情境的限定性和用户研究的情境定位

情境的概念来源于社会学中对社会系统的表述。社会情境是指社会系统中的场合、背景、角色关系以及它们之间的相互作用。社会情境对人们的行为会产生非常重要的影响，是人的行为发生的一个复杂的环境、背景。社会情境包括文化背景、社会角色的定位、社会系统中人与人的关系以及人的行为规范等内容，在不同的社会关系中，人们会扮演不同的角色，与其他社会成员之间会有不同的行为、态度，比如，家庭、工作单位。

情境会对人产生重要的影响，包括对人对客观事物的认知差异、行为方式的差异、情感的不同，以及动机的不同等。情境的限定，会对人们的认知和情感有重要的影响，会产生不同的情感体验，也会产生差异化较大的文化冲突。服务设计创新的对象是人们的生活行为，在不同的行为中，用户和服务提供者、利益相关者会各自以不同身份、角色出现，有着不同的行为标准和心理特征，他们之间会产生各种关系，相互影响。开展情境的研究，会更加真实地了解人们在不同社会关系中、不同的行为中的行为标准和心理特征。情境是对服务设计创新中人的行为发生的限制性条件和定位，研究情境对开展用户行为中的问题、痛点、需求和体验分析来说是前提条件。对开展服务系统创新中人的关系、行为来说，具有明确的方向指引。

用户研究的情境定位是开展用户研究所遵循的基本行为标准、基本心理特征的限定。指用户从事某一行为的特定的时间、地点以及能够影响到行为的人、物以及其他特殊限定性条件。任何事情的发生，都有特定的时间、空间、环境要素（包括物、人）等。用户的情境是在行为发展中已经具备的，会在行为过程中影响用户行为规则和心理特征的主观和客观因素。同一件事、同一个

行为，在不同时间、不同环境、不同心理特征下和不同利益关系人实施下，会经历差异较大的过程，会产生不同的结果。

情境定位的目的，是更好地限定用户的行为和触点以及产生的问题和需求。不同情境下的同一件事会产生不同的体验，情境的变化会产生新的痛点和需求，所有的痛点和需求都要考虑情境的影响。比如，在流行病疫情发生期间，所有人的活动都受到了限制，人们日常的行为和行为旅程都发生了变化，触点也有了更多的痛点和需求，人与人之间的关系、交流都与以往不同。这个情境下的用户的行为规范、心理特征都处在一个特殊的状态中，针对这个情境的限制，开展服务设计创新的所有成果，就会受到限制，与日常的结果会产生较大的差异。作为社会性的较大的情境研究的用户行为，还包括无人智能驾驶技术的广泛应用、智慧家庭以及生态平衡、人类公平等未来社会情境和可持续发展社会情境。作为较小的社会系统的情境，同样也具有重要的限制性，我们的日常生活中常见的或正在经历的情境，例如，互联网和数字新媒体的普及、城市早高峰、空心村、冬季户外健身广场、独自居住等，这些情境限制影响下的用户的行为和心理会有很多的变化，也会有更多的新触点、新痛点、新需求，开展专业的、有针对性的服务设计的必要性就越来越大。

## 二、居家养老老年用户研究的共性情境

居家养老老年用户的情境包括生理特征、心理特征、行为特征、情感特征以及时间、空间、利益相关者。

生理特征、心理特征、行为特征、情感特征作为用户的基本标签化特征信息，是某一个用户人群的共性特征，是主观角度的限制性背景、条件。在用户调研和用户角色模型（用户画像）研究中已经形成。而时间、空间和利益相关者是客观方面的限制性背景、条件。

有别于机构养老和社区养老的空间，居家老年用户的主要生活空间是家庭住宅，还有住宅所在区域的街道、社区，这是他们的主要生活区域，社会关系

的重点就是在这个范围内，社区内的小区、街道、商业企业、医疗机构、政府机构以及公园、广场、菜市场等都是居家老年用户的生活空间，在这些空间内发生着众多的行为。

时间的情境取决于行为发生的具体时间节点和时间段。在一些日常行为中，老年用户已经形成了很多的时间惯性，具有一定的规律性。这些时间包括作息时间、运动时间、购物时间、做饭时间、社交时间等。作息时间上他们一般是起得早睡得早，中午还有午休。因为没有职业关系、社会复杂利益关系的影响，所以一般不会轻易改变。

利益相关者主要指在老年人居家生活的范围内，与其利益有直接关系和间接关系的人、组织。利益相关者包括全时利益相关者和分时利益相关者两类。全时利益相关者主要指在地理空间上和在情感空间上距离最近的人，包括用户的家人和与用户时刻在一起的人（比如，全天照护老年人的住家保姆），全时利益相关者不一定是非得时刻在一起居住，利益相关者虽有可能不在一起居住，但却是时时刻刻牵挂的人，情感的交流和沟通最多的人。分时利益相关者则是指在具体的行为中才会出现，能够在物资、资金、信息和人力劳动等各方面提供支持的人和组织，能够与老年用户产生联系、互动并且影响老年用户体验的人或组织。分时利益相关者也可以是其行为旅程的触点，也会由此产生痛点。例如，商场的购物服务导购人员，主要是以提供人力为服务形式，这些利益相关者的行为会直接或间接影响用户的体验。

居家养老，实际上不限于家庭住宅环境，老年人要与家庭住宅及社区周边社会系统中的要素产生联系，从“事”和“行为”角度分析，老年人的利益相关者也会随着“事”和“行为”的不同而发生变化。

居家养老的共性情境还包括社会的特征，包括智能技术、智能产品、智能家居和物联网技术的广泛应用，新材料、新技术的创新，新服务模式的创新等。这些情境对老年人的生活产生了很重要的影响，影响在不同行为发生过程中的问题、需求和体验。

# 第五节　从触点到需求的导向逻辑

## 一、触点的概念与本质

触点也被称作接触点、感知点、连接点、feeling point 等。触点在用户研究中，是人与周围事物产生关系的连接点。触点表述的是个过程、行为，是用户与周围事物获得感知信息并传递信息的连接点，不是指具体的人或物。

触点表述的是在用户的行为旅程中，用户主动或被动地通过五个感官不断与周围的事物产生的直接联系，不断传递信息，以此给用户的大脑产生单独感知和综合感知，即印象和情绪。这些能够与用户感官产生联系并形成感觉、印象和情绪的实体、人、环境等就是触点。触点有的是物理关系的、直接的，也有的是借助媒介的、间接的。触点是情感的反馈点，包括眼耳鼻口手的视觉、听觉、嗅觉、味觉和触觉。用户身体皮肤与事物的触、摸、碰、捏，眼睛的视、看、瞅、瞥，鼻子的闻、吸、嗅，舌头的舔、舐、尝。五个感官分别通过皮肤神经末梢、视网膜内的细胞、耳蜗内的毛细胞、嗅上皮毛细胞、舌上的味蕾等感受器获取生物信号传输到大脑。大脑在分析感官生物信号后进行分析，形成了六个感觉信息，即触觉、视觉、听觉、嗅觉、味觉和知觉。触觉信息包括疼痛、粗糙与光滑、温热、冷暖、轻重、软硬等，视觉信息包括颜色、结构、运动、空间深度、模式等，听觉信息包括噪声、音调等，嗅觉信息包括焦、花香气味等，味觉信息包括酸甜苦辣等味道。此外还包括通过内耳前庭中的毛细胞、肌肉肌腱和关节中的神经纤维获取信息的平衡觉和运动觉。

知觉是对感觉信息综合加工的过程和结果，感觉是对事物个别属性的反馈，通过感官对事物产生的认识是片面的、不完整的、不真实的。知觉是对事物整体的认识，是全面的、整体的。感觉是生理上的直接反馈，不依赖于知识储备和经验积累，知觉却受到个人知识经验的深刻影响。

对触点表述，一般使用“感官＋物（实体、虚拟、人）＋感觉、印象、情绪”的方式，如手触碰到冰感觉很凉、滑、硬和冷；眼睛看到泔水桶很脏感觉臭、酸和反胃；听到服务人员的话语、声音感到很亲切、很温馨。

根据接触目标的种类和性质不同，用户行为旅程的触点可以分为物理触点、媒介触点、人际触点。物理触点是指用户与所有以物理的、可感知的状态存在的“物”产生的联系。媒介触点也叫数字触点和虚拟触点，是指用户与数字媒介、智能产品、互联网平台上的“虚拟物”产生的联系。人际触点是用户与行为旅程、服务中的服务参与者、服务提供者之间的连接。人与人之间产生连接可以是肢体的、行为的、语言的，也可以是内心情感的。

## 二、从触点到痛点

在创新思维中，痛点主要表述的是用户行为和服务中的问题、需求和体验，问题可以直接产生痛点，需求没有被满足就会产生痛点，体验上存在差距或影响用户的情感就是痛点，这里所解读的痛点本质上是客观事物对用户情感、情绪和心理的综合影响，痛点是开展创新的出发点。

在服务设计的用户研究中，开展触点研究的目的是发现用户在整个行为旅程中的情绪影响和情感变化，发现用户的痛点是研究的首要任务，痛点是影响用户情绪和情感的最重要内容。

痛点的产生受服务或行为本身以及发生的特定情境影响，包括用户和服务提供者、服务参与者的情感特征、行为特征以及服务环境的空间、物品等可感知的事物等。用户的认知能力和情感状态，服务人员的行为、言语和沟通方式，空间环境中的氛围营造，产品功能、外观和使用方法以及需求与服务提供的差异差距、高层次价值实现的路径缺失等，都会导致痛点的产生。

由于特定生活情境限定下的用户行为旅程的所有触点中，有的触点是对人的整体感觉、知觉不好的点，主观上产生较差反馈的点，会刺激、伤害到用户的情感、情绪和心理，间接让用户产生情感和心理上的“煎熬”“难受”“焦躁”“疼痛”“痛苦”，引发用户情绪产生不好的联想并走向和处在低谷状态，这些点统一被称作痛点。这里的“痛点”不单指感官直接产生的感觉，二者有本质区别。

与痛点相对应的是感觉和知觉平常点、舒爽点、兴奋点。这些点分别是通过与触点的连接让用户产生情感的共鸣、情感的互动沟通、情感认同等心理反馈，以及能够刺激和调动用户情绪产生平峰、高峰变化的内容。这些点是服务流程中能够给用户带来较好体验的触点，是服务提供者、服务设计师要着重观察、研究和创新的点。通过对用户的情感反馈和情绪变化研究，清晰地识别出引起用户一系列触点反馈的内在机理，并将其作为方法、规律进一步开展服务的创新。

痛点存在的基础是特定的用户人群和行为、服务的情境。一个用户人群的痛点，可能是其他用户人群的爽点，这取决于用户在情境中的心理特征。痛点研究最主要的任务就是聚焦问题产生的路径和原因，发现需求发生改变的节点，痛点研究也是研究和发现影响用户体验产生问题和不足的重要路径。

痛点的研究、发现和分析，是在用户行为旅程的研究、分析中得出的，这样分析的痛点针对性强、创新点明确。痛点也可以在用户调研中发现，通过用户的直接反馈和对调研结果的分析，可以得出用户的痛点。但这些痛点大部分是主观的、片面的，是基于用户的认知能力、行为特征、心理特征产生的，其真实性和全面性不足。这种路径得出的痛点，很多是对产品或服务的综合体验结果，是复杂的、混乱的，对于痛点背后的问题、需求的真实性、科学性研究会产生影响。因此在开展痛点研究时，要从主观与客观、宏观与微观角度不断分析验证，互为补充，才可以实现痛点研究的准确性和高价值意义。

## 三、透过触点洞察需求

需求是因需要而产生的要求，是生理和心理上对客观事物的要求，需求是有标准的。心理学视角的需求，指的是人作为有机体在生存和发展过程中对内部环境和外部生活条件的要求，需求是由有机体内部的缺乏和不平衡状态产生的。经济学视角的需求表述是从市场层面进行的，不仅仅指人对某种商品的需要，还包括人购买这个商品的能力，即“想不想要＋有没有能力”的组合，是一种对物的欲望和实现欲望的能力的一体化，市场上需求的量与商品的价格相互影响。需求可以实现人与人之间的关系，需求是人的社会价值的目标导向。需求是推动社会创新、技术创新、经济发展、文化发展的原动力，需求也是一种被服务提供者灌输的一种概念。

我们可以在用户调研访谈过程中直接获取用户的需求，包括对生活目标的期待、对物资数量和标准的期望值，对文化精神生活实现形式和路径的规划等。但发现需求还需要开展大量的用户行为分析。

用户行为旅程中的触点是研究需求最直接的切入点。触点的生成是感官向人的神经、大脑传输信息之后生成的感知，是印象和情绪。对感知、印象和情绪的分析是发现需求的重要过程。让用户产生的好的印象和情绪的触点，就是人们需求内容的标准和特质，是需要去提取、总结的抽象特征，需要去放大、复制、推广的经验和做法，是设计创新要借鉴、强化和提升的重点。反之，给用户产生不好的情绪和印象的触点，则是需要我们去剔除、替代或更新的内容，也是设计创新要重点解决的痛点。

需求的发现路径，要从用户行为触点直接或间接产生的感觉、痛点、兴趣、信息和层次五方面开展。第一方面，从感觉到需求。感觉给用户带来较好的印象和情绪的情感反馈，是人们对事物的正向需求，是对需求内容特征的抽象表述，这些特征就是对触点的良好标准，设计师通过对这些触点进一步的创新提升，从服务设计的规则到具象的产品的标准，都可以使其达到优秀的标准。这些需求是服务提供者和服务设计创新者为提升用户的体验、强化用户的黏度而主动提出的。第二方面，从痛点到需求。痛点是让用户产生较差情绪的接触点，很明显用户迫切需要解决痛点。研究和发现引起用户产生痛点的人、产品或服务的感官表现，就能够形成需求目标的基本特征、规范和要求。第三方面，从兴趣到需求。兴趣也是人们情绪、印象的表象特征，兴趣是人们对事物产生的好奇，产生想要了解的欲望。人们对事物整体或其某一功能、外观、使用方法、流程等产生兴趣，就是对需求的表达。这种由兴趣转换的需求，就是发现新事物、新功能之后的占有欲望、尝试欲望。第四方面，从信息到需求。个人与他人的对比、他人的推荐影响、利益相关者的口口相传，商家的推荐宣传以及媒体消费理念、生活态度的文化灌输，都推动用户形成了更多、更高、更新的需求。第五方面，从低层次到高层次需求。需求是受到个人的条件变化限制的，条件包括个人的文化素质、认知能力和收入水平、支出能力，当个人的认知能力等各项能力提升之后，就会产生新的更高层次的需求。通过以上五条路径的研究，可以帮助服务设计师发现更多满足需求的方法和路径。

## 四、需求的表述、表达与归纳

用户对需求的直接表达可能是概括的、抽象的、不明确的，甚至是描述不准确的。用户参与设计或调研时，会直接表述需求，会以名词、形容词或者动词等性质的词汇进行表达。名词是具有明确指向的物，形容词则是对不明确的、难以物化或者是难以找到相关替代物的内容的表达，动词则是对某一动作、行为、劳动的概括性表达。在对需求表述时，则要尽量概括形成抽象的形容词，服务设计师则要考虑与社会资源形式的对应，可以是名词，也可以是动词以及形容词。

在确定好用户针对每一个痛点所产生的需求后，要将需求向设计机会点进行转化。即要将用户主题表达的内容向设计师开展设计的方向、原则转化，转化结果仍然是抽象的形容词，但都是针对色彩、外观、结构、工艺、使用方法、交互流程等内容的指向性相对明确的表述。然后根据这些形容词所表达的相对明确的内容进行产品草图、效果图以及服务流程、服务系统要素和关系的表达。

服务设计要满足的需求不仅仅包括单个触点产生的需求，还要将全部触点的需求进行汇总、归纳，以便形成对整个产品和服务的整体特性、整体要求和整体设计原则，保证用户在服务全过程获得优秀的体验。

作为需求的可视化、量化统计分析工具，词云图可以将众多的表达特征的形容词、副词以及名词等汇总到一起，按照词汇在行为旅程中出现的频率大小，以不同颜色、不同字号聚集在一起，可以清晰了解用户需求的重点词汇，帮助设计师开展清晰的设计定位。要使用抽象概念，不要限于具体对一个物的外在特征的描绘（避免产品化），而是要对一件事的描绘，对一个生活场景的描绘，包括行为、结果、体验和价值等，最终结果导向服务蓝图的新旅程。

例如，老年人在淋浴的行为旅程中，基于自身的生理特征和行为习惯，与淋浴空间环境内的产品、地面、墙壁以及空气等接触后产生了许多痛点，并由痛点形成了很多需求，这些用抽象的词汇表达出的概念性需求，是对触点产品性质、功能的设计标准、设计原则，或是对服务系统、流程体验的目标限定。（见图 5-2）针对这些需求概念，就可以提升现有淋浴头、混水阀等产品的功能，增加温度自动设置、温度锁定、温度可视化等功能。还可以创新生产监测老年人淋浴环境中温度、湿度和含氧量的智能产品，实现含氧量提示、智能调温、自动通风、警示报警等功能和服务目标。

再如，居家老年人看电视的行为旅程中，老年人与遥控器产生了多次的接触、交互，也产生了很多需求，用抽象的概念性词汇进行表达需求之后，又从文字的大小、颜色明确了用户对产品需求的重点，这些词汇明确表达了对产品功能、外观、布局、交互等内容的设计原则和设计标准。（见图 5-3）

图 5-2 老年人淋浴需求词云图

图 5-3 老年人对遥控器的需求词云图

# 第六节　用户体验研究的工具与路径——用户体验图

对于用户的问题、需求、体验以及价值实现的研究，可以通过用户访谈、调研直接得出，也可以在用户人群定位过程中分析得出，还可以通过用户体验研究来实现，用户体验研究的工具就是用户体验图，也被称作用户体验地图、用户行为旅程图等。

用户体验图就是从用户角度对现有服务行为或从事的某一活动的行为全旅程开展研究，发现在整个服务或行为旅程中，用户受到周围的事、物、人等影响之后，产生的问题、痛点、需求、体验及价值实现情况，以及由此而产生的整体性内心情感和情绪变化。（见图 5-4）

| **用户体验图 | | | | | | | | | | | | | | | | | | | | | |
|---|---|---|---|---|---|---|---|---|---|---|---|---|---|---|---|---|---|---|---|---|---|
| 用户行为（事） | | | | | | | | | | | 产品、服务 | | | | | | | | | | |
| 情境 | | 时间 | | | | | | | | | 地点 | | | | | | | | | | |
| | | 利益相关者 | | | | | | | | | 其他（特殊背景） | | | | | | | | | | |
| 行为阶段 | | | | | | | | | | | | | | | | | | | | | |
| 行为旅程 | | | | | | | | | | | | | | | | | | | | | |
| 触点 | | | | | | | | | | | | | | | | | | | | | |
| 痛点分析 | | | | | | | | | | | | | | | | | | | | | |
| 需求分析 | | | | | | | | | | | | | | | | | | | | | |
| 情绪曲线 | 特别好 | | | | | | | | | | | | | | | | | | | | |
| | 很好 | | | | | | | | | | | | | | | | | | | | |
| | 好 | | | | | | | | | | | | | | | | | | | | |
| | 一般 | | | | | | | | | | | | | | | | | | | | |
| | 差 | | | | | | | | | | | | | | | | | | | | |
| | 太差 | | | | | | | | | | | | | | | | | | | | |
| | 非常差 | | | | | | | | | | | | | | | | | | | | |
| 设计机会点 | | | | | | | | | | | | | | | | | | | | | |

图 5-4　用户体验图标准内容模板

通过用户体验图，可以首先帮助我们明确用户行为发生的特定情境，然后清晰表达服务或用户行为旅程的阶段和具体行为。

情境的时间、空间和用户心理背景内容，会对用户的行为旅程内容以及行为旅程内的情绪产生限制，同一个行为在不同的时间、空间或心理背景下发生，产生的体验结果会有较大差距或是截然不同的。用户发生的每一个具体行为，自身的感官都会与周围事物产生联系，因此就形成了相对应的单个或多个触点，而且每一个触点都会让用户产生相应的感觉或知觉，刺激大脑产生内心的情感变化。

用户体验分析就是通过发现用户与周围事物的触点，研究用户与周围事物产生交互时情绪的变化，分析情绪的痛点、兴奋点、平淡点等具体表现，将痛点分别作为问题和需求开展研究，研究痛点问题产生的主观和客观原因，明确用户的需求内容和需求层次，并能够基于问题思维和需求思维的转换角度，发现用户的本质需求。用户体验研究要从全流程、全触点进行综合分析，要将用户具体行为与触点、痛点、需求、情绪变化、机会点等一一对应。（见图 5-5）

## 第七节　从需求到用户体验的营造

用户体验是人们作为用户在发生某一行为或享用某一服务的过程中产生的综合心理感受，是用户与服务系统之间交互产生关系的整体情感认知。用户体验的营造，是针对服务系统全要素整合与关系创新、服务流程全触点的痛点解决和需求提升。痛点得到解决，需求得到满足时，用户的情绪、心理感知会得到较大的提升，对产品或服务的整体认知会有一个较高的评价，会大大提高对生活的满意度。在此过程中，用户作为服务系统和社会系统的一个要素成员，与他人的关系就能够保持一种相互理解、相互帮助、相依相守的状态，用户的幸福感也会得到增强。

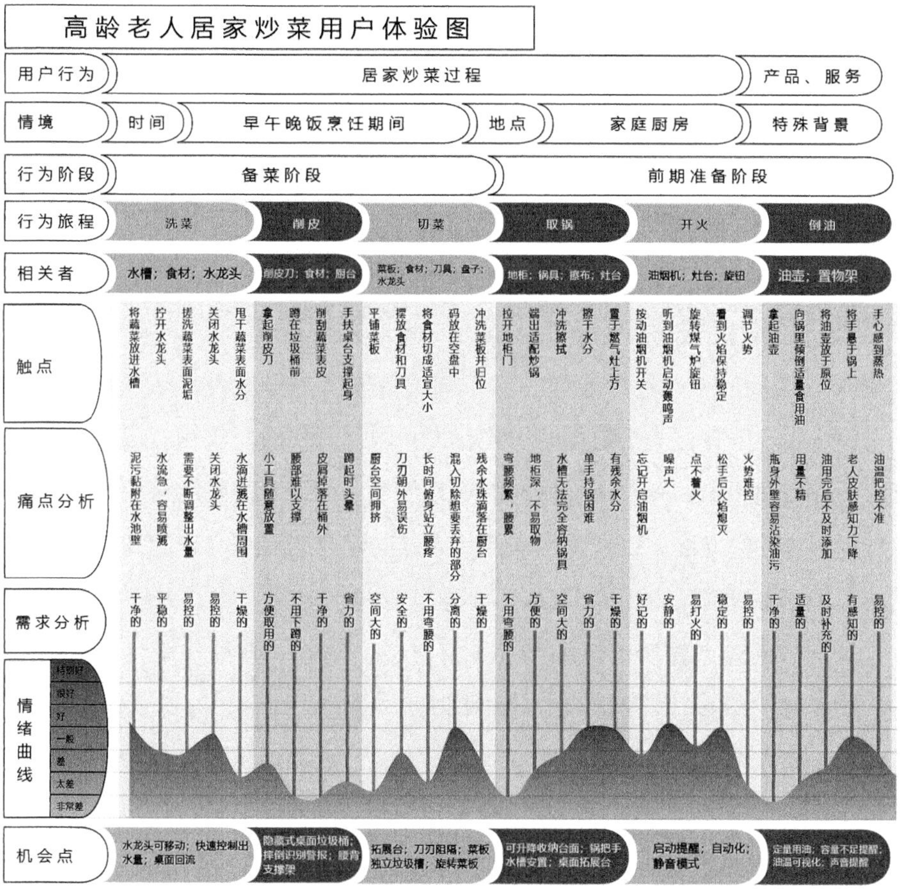


图 5-5　高龄老人居家炒菜用户体验图

## 一、善用情绪曲线

营造优秀的用户体验，要善用情绪曲线，把情绪曲线作为体验的研究和提升的标准。情绪曲线是基于行为旅程中产生的痛点，痛点按照级别进行区分，可以分为痛点、平静点、兴奋点，也可以按照高中低多个档次划分，还可以按照正负数值划分，将处在不同级别位置的端点连接后，就形成了情绪在整个旅程中的高低变化的波浪线，以一种不规则、波动的曲线形式存在。情绪曲线实际上是用户在整个行为旅程中用户的“心电图”“脑电图”的综合可视化表现。

情绪曲线针对触点情绪的变化，描绘整个过程中用户情绪的微小变化，通过曲线的波峰波谷划分情绪的高点和低点，有效定位体验营造的重点区域和目标。通过情绪曲线发现体验全过程中用户情绪的变化，以此调整节奏、明确重点阶段旅程，确定重要触点、痛点研究和触点产品表达等，并充分运用“峰终定律”的理论，创造体验高峰。

## 二、创造仪式感

营造用户体验，要构建创造用户行为和服务流程的仪式感。仪式感是给用户的一种心理感知，一种情感认同。仪式感是一种提升体验的路径，一种营造用户优秀体验的方法。仪式感带来的是大脑的综合感受和心理的高度认同，仪式的营造与体验流程的设计相似，要通过时间、空间、物、人等构建一个情境，即众多的触点体验。诸如婚礼（好日子、流程、婚纱、司仪、花童、捧花、红地毯、音乐）、西餐（红酒和高脚杯、餐盘、烛台、刀叉及使用规范）、年夜饭（家人在一起、祭祖、供桌、爆竹声、电视春晚、《恭喜发财》背景音、酒水、水饺和硬币、红包）、集体聚餐（朋友、同学、地方特色小吃饮料）、上课（起立、老师好、讲台、教鞭、粉笔）等等。

仪式感是一种行为，对某个事件、活动、场合的尊重和赞扬行为。仪式感是通过众多的形式、举止、参加人员、物品以及流程来完成的，表达的内容是庄重、尊敬、严谨和神圣的情感认知。仪式感能够让人认识和了解文化和传统，体验文化和传统的精髓和内涵，可以增强集体的凝聚力，可以增强个人的身份认同和归属感，更好地认识和追求人生价值和意义。仪式感的建立，要坚守一定的秩序和规矩，要建立身份认同和归属感，要体现情感表达和人文关怀，要强化传统文化内涵和价值观念。

在服务设计的用户行为旅程中，通过增加一些必要的行为、触点，包括设计创新触点产品的外观和色彩以及打开方式，用以承载一定的文化信息，以表达服务提供者的美好祝愿，可以实现增加用户心理情感的高度体验，获得被尊重、被关爱的社会存在感。在体验过程中，通过高等级会员、勋章等触点虚拟产品，等同于获得高度的身份认同和价值认可，满足用户自我实现的需求，或将用户的需求以“惊喜”“未曾想到”的出现形式提升到了更高层次。在用户体验的触点和流程中，可以结合提供一些超出人们认知范围的事物以及事物的流程方法，包括自然规律、生态关系、人伦道德、社会规范等，给予人们震撼、感慨、感叹的情感体验，让用户感动、让用户产生思考、让用户产生敬畏，激励用户感知宏大、顺应需求，实现对“真实的自我”的目标、愿望和价值观的高度认知。

## 三、构建信息反馈路径

要通过信息反馈路径的构建，实现服务不断创新的机制，持续优化产品和服务，更新迭代的基础。要不间断地开展用户调研，与用户充分交流，获取用户体验的大量信息数据，还要邀请用户参与共创，共同参与设计完善和提升体验，这是一个服务、一个体验越来越好的必要条件。

在大数据信息技术的收集、处理和分析支持下，用户体验信息的反馈会更加全面、真实。作为用户体验的创新团队需要建立用户社区，保持与用户更加亲密的联系。要融入更多的社会要素，不断创新要素的关系，建立一个信息反馈、信息处理和信息生产的用户研究与体验创新平台。根据用户的新痛点、新需求，基于用户价值的提升目标，不断创造更好的体验。

## 四、营造用户体验的方法和注意事项

### （一）保证体验的有效性

即基本功能要达到基本标准，而且要达到基本的安全性和隐私保护，有效性不一定是体验的情绪高点，但有效性实现不了就一定会产生痛点，这种痛点情绪反馈就是对产品和服务的整体认知——连基本功能都达不到，还提什么体验。

### （二）保证体验的顺畅

顺畅指的是交互的顺利、流畅，顺畅带来的是高效率，是节省时间、快速达成目标的畅快感。顺畅感不仅仅是通过技术提升带来的产品的开关、操作和基本交互，还是服务流程的简洁、紧密衔接、不等待、高效率。产品或服务的每一步都衔接得非常快捷、舒适，有很强的节奏感，就如同高山流水的酣畅淋漓。

### （三）实现直觉化的认知和交互

好的体验是可以顺其自然的，在使用产品和服务时不需要过多地学习、理解，而是非常简单，第一眼就明白要干什么、怎么干。降低使用、交互的出错率，提高效率。可以通过模拟自然物理交互状态设计产品和服务的交互方式，按照常用的逻辑流程设计产品的功能和服务的流程，拟人化地设计交互，使用自然语音对话。一定要避免非直觉的、非自然的、反人类的功能界面、交互流程和服务流程。

### （四）实现服务流程的闭环性设计

产品和服务的操作、服务流程越复杂，用户越容易走错路或走进死胡同，系统就容易出错。实现服务流程的闭环性设计，就是无论进行到哪一步，都知道下一步该怎么走。一旦流程出现错误后，用户可以清晰地了解如何进行下一步或如何返回上一步，或者回到最初始状态。实现服务流程的闭环设计，就是要简化功能实现路径和服务实现路径，最好的就是实现一键操作、无脑操作。

### （五）对用户的高容错性

服务设计“以人为中心”的原则，就是要求产品和服务必须适应人，而不是让人去适应产品和服务。无论用户在使用产品、操作产品或接受服务的过程中出现什么错，都不要执行太严的标准，而是要提高容错率。用户的行为习惯是导致操作出错的原因，但是作为服务设计不能去纠正用户的行为习惯或教育用户如何操作，只有在开展服务设计用户研究时，清晰了解用户的行为习惯和需求，然后在服务流程和触点设计上做到理解层的容错和执行层的容错，帮助用户清晰理解信息并准确执行操作。

### （六）视觉语言和交互逻辑的一致性

所谓的一致性是指在新产品和新服务的开发中，延续用户习以为常的“体验范式”，在界面设计、产品功能、交互设计、服务流程等方面都与之前的保持一致。用户从心理上能够较快地接受，行为上不需要重新学习和主动去习惯、适应，传承之前的优良体验。

### （七）产品与服务的审美性

无论何种产品或服务，除了基本功能的实现和用户需求的满足外，能够给用户带来美的享受的都是好的。产品外观和色彩的美、使用方式方法的美、服务系统（流程、场景、物品和人）的美，都是给用户带来美的感知的，这里强调的是营造体验不仅需要理性的逻辑思维，还需要感性的艺术思维，形式与功能、理性与感性都在这里融合。

### （八）体验与环境的生态性

好的体验是在充分发挥环境的优势，整合社会资源之后形成的全新旅程。体验的发生是以不影响环境为前提的，要尊重环境和坚守生态的基本规律，实现服务体验与生态环境的深度一致性。

### （九）创造超预期性

如果得到的体验结果比预期的结果要高出很多或者意料之外，用户心理上会得到惊喜、感动，体验度就会很高。实现超预期体验的创造，则要充分研究分析并发现用户未表达出来的需求，或者是通过一个需求发现隐藏在背后的需求。从用户特征和行为习惯角度出发，主动探索未知需求，建立发展性、前瞻性的用户特征分析、需求研究机制和平台，将用户的触点进行整合、创新和设计提升，提升触点产品的功能、外观和使用流程，提升触点服务提供者的交互方式，简化复杂的服务流程，提升服务流程中的情感投入。

## 第八节　居家养老服务目标的定位

居家养老服务目标指的就是居家养老服务设计、居家养老服务系统的目标定位，本质上是“为老年人创新设计服务系统”的目标。实现这些目标，首要的就是要将“居家”作为用户研究的社会情境和服务系统创新的“环境”场景。坚持“居家”这个社会共性情境，将生活空间、时间情境、社会关系、利益相关者等作为限制性的系统创新条件，将用户的生理特征、心理特征、行为习惯、收入和消费等作为用户人群的个性条件，围绕用户不同行为过程中的问题、痛点、需求、体验等开展系统的设计创新。

### 一、居家养老服务目标定位的原则和路径

#### （一）要将“以人为本，以用户为中心”作为服务目标定位的原则

“以人为本，以用户为中心”是服务系统可持续发展的基础。除了作为用户的老年人，作为服务系统的要素的其他人，不管是个人还是企业、组织、机构及其服务提供者、服务实施者、服务参与者、服务监督者等[①]，都要在服务系

① 朱志伟. 基于服务对象需求的政府购买服务机制研究——以制度变迁理论为分析视角 [J]. 云南行政学院学报，2017,19(04):155-160.

统中获得与其付出的资源、能量、价值相匹配的收益，获得在为老年人提供的服务系统中的存在价值，建立个人的社会价值、企业的社会价值，这样才能保证服务系统内关系的正常发展，源源不断地输出资源、能量和价值，最终推动系统的可持续发展和不断地更新迭代。

### （二）要将社会创新作为服务目标定位的路径

社会创新是为老服务目标实现的必经之路。社会创新围绕社会要素的创新、要素关系的创新，实现要素与服务的角色转换以及要素利益与价值的实现。从以商业利益为主到兼顾公益，从收费提供服务到志愿参加服务，实现价值为先、利益为后。基于社会创新去发现制度和体系存在的短板、缺项、问题，基于社会创新研究不同层次需求的满足和实现。在取得发展和进步之后，自下而上地推动政府和行业协会建立更具体、具有针对性的相关制度、规则，推动社会的进步、发展，保持社会生态的稳定、健康和可持续。

## 二、为老年人开展居家服务设计的宏观整体目标

为老年人开展居家服务设计的宏观整体目标，在“居家”的情境下可以按照“基本养老服务目标”“体验层次服务目标”“价值实现和创造服务目标”三个层次来划分。

“基本养老服务目标”要实现的是保障老年人基本的生存和生活。基于老年人的生理和心理状况，从老年人的日常衣、食、住、行、医、学、购、游等行为活动中，发现影响其正常生活的因素，从基本的生理需求、安全需求等方面，研究其需求的内容。从系统的视角，充分整合社会资源融入服务系统中，将其作为要素研究与其他要素之间产生关系的可能，直接或间接输出其掌握的物资、资金、人力和信息资源给老年人，帮助老年人解决日常生活问题，满足基本生存和生活需求，并建立稳定的供给体制机制，推动系统的构建和可持续运行，最终保障老年人正常的生活。

“体验层次服务目标”要实现的是不断创新生活方式以提高老年人的生活质量。在日常生活和各种活动的过程中获得较好的用户体验，是老年人生活质量提升、幸福感提升的重要条件。从用户体验的视角，从全流程触点的痛点解决、需求满足和价值提升系统高度，创新老年人感觉和情绪较好的触点和服务流程，设计适老化的产品和空间环境，营造高质量体验的良好氛围，使老年人获得满意的服务结果，在过程中获得较高的情感认同。

“价值实现和创造服务目标”要实现的是个人作为社会要素存在的社会价值。在社会发展进程中承担责任，不再是社会发展的阻力，能够重归社会，在不同的社会关系中担任管理、监督、服务提供者的不同角色。不再单纯是服务系统的用户和服务受益者，而是与其他系统要素一样，可以输出资源、能量和价值，并通过要素关系获得利益和价值，成为服务系统可持续运转的必不可少的一员。在银龄经济、积极老龄化、活力老年人等社会系统的全新要素关系中，在促进社会进步、推动经济发展、担当文化传承和创新等进程中发挥重要价值，获得个人的社会系统存在感，获取社会要素的尊重，成为被需要的重要人口资源。

通过居家养老情境的限定和按照“基本养老服务目标”“体验层次服务目标”“价值实现和创造服务目标”三个层次来划分的服务设计，可以明确地制定开展居家养老服务设计的具体方法、路径，从三个层次分别研究用户和构建服务系统，最后综合三个层次的目标实现服务系统的创新。

# 第六章
# 居家养老服务系统设计策略

在充分开展调研定位用户，明确了用户的问题、痛点、需求、体验和价值目标后，接下来就是从系统高度开展服务设计研究，设计构建服务系统，并设计规划服务的蓝图，创新支撑系统实施的服务平台和触点产品。

## 第一节　服务系统与服务创新

服务系统是由众多的社会要素组成的复杂系统。在现代服务业中，服务系统是由个人和政府机构、社会组织以及众多企业共同参与、协同服务的复杂产业链。按照分工不同，分别在系统中负责监督、资金、设计、生产、销售、传播、运输和人力服务等职能。一个完整的服务系统是由服务系统目标、系统要素和要素关系组成的。[①] 服务系统目标是服务系统要实现的最终结果，包括服务的用户和用户通过服务获得什么。系统要素是指参与服务的社会要素，包括

① 卢怡.基于用户体验的智慧校园餐厅服务系统设计研究 [D]. 杭州：中国美术学院，2023.

用户、服务提供者、服务管理者、服务监督者、服务规则制定者和资源提供者。①

在社会正在逐步向服务型社会转型的背景下，服务观念不断被人们认可，每一个社会成员既是服务的受益者，又是服务的提供者，社会成员之间关系不断发生改变，有效推动了社会结构的发展和进步。从服务角度提供和创新成长、生活和工作的环境，成为经济发展的重要推动力。社会科学视角的服务创新是以需求为导向的，重视服务的概念、服务的流程和服务的内容。服务创新涵盖了产品创新、流程创新、组织创新以及技术创新、市场创新等形式，用户既是产品创新的参与者，又是服务流程的创新参与者。服务属于系统性工程，服务就是“人与人的互动”，服务创新实际上也是人与人互动关系的创新。

## 第二节　从用户研究到服务系统研究的逻辑导向

从用户研究到服务系统的设计过程分为两个阶段，第一阶段是用户研究，第二阶段是服务系统设计。用户研究的内容包括：调查统计分析、目标人群定位、社会关系分析、用户行为与痛点、需求和体验分析。服务系统研究包括：服务系统可视化研究、服务平台可视化表达、服务蓝图规划和触点产品功能与形式定位。用户研究所使用的方法和工具主要是：访谈和问卷、用户画像、利益相关者图、用户体验图、词云图等。服务系统研究使用的方法和工具主要是：用户系统图、服务蓝图、服务平台架构设计、APP 交互界面设计、产品功能外观与交互设计等。（见图 6-1）

① 张润彤，朱晓敏 . 服务科学概论 [M]. 北京：电子工业出版社，2016:28-32.

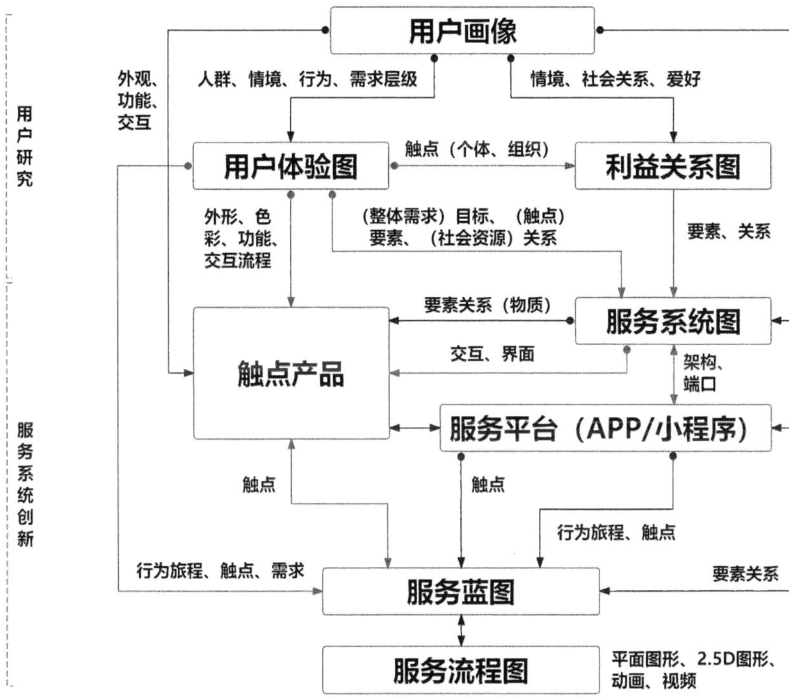


图 6-1　从用户研究到服务系统创新的方法工具及其任务目标

用户研究是服务系统设计的基础，服务系统图和服务蓝图是服务系统设计和实施规划的可视化表达，服务系统图重新构建了系统的要素和要素之间的关系，围绕用户开展服务内容（资金、物资、信息、人力）的输出输入，服务蓝图按照创新后的用户旅程，明确系统要素在每个触点的角色和任务，服务系统最终以线上服务平台和服务产品作为支撑，系统要素根据角色和任务，按照服务蓝图的流程导向共同开展工作。

通过用户研究，明确了用户人群的基本特征、用户行为以及在行为旅程中的触点、痛点和需求，也梳理清晰了用户的利益相关者，将用户的需求进行了抽象概括和归纳。用户研究得出的结果分别对应了服务系统与服务蓝图等的内容和准则。用户的利益相关者成为系统的要素，服务蓝图中的新用户旅程就是经过创新之后的用户体验中的用户行为旅程，行为旅程的创新原则和体验目标就是用户体验中的用户综合需求，服务平台 APP 的架构设计、交互界面设计

以及触点产品的设计原则，就来源于用户的生理、心理特征和行为习惯以及需求的概念化的抽象概括表达。（见表 6-1）

**表 6-1　内容、方法与研究目标的逻辑**

| | 用户研究 | | | | | 服务系统研究 | | | |
|---|---|---|---|---|---|---|---|---|---|
| 研究内容 | 调查/统计/分析 | 目标人群定位 | 社会关系分析 | 用户行为与痛点、需求和体验分析 | 问题/痛点/需求/体验/价值定位 | 服务系统可视化 | 线上服务平台研究 | 服务蓝图规划 | 服务产品研究 |
| 研究方法或工具 | 访谈/问卷 | 用户画像 | 利益相关者图 | 用户体验图 | 抽象/概念化/形容词/词云图 | 服务系统图 | 服务平台架构图/APP 交互界面 | 服务蓝图 | 触点产品 |
| 研究目标 | 生理特征/心理特征/行为习惯 | | 系统/要素/关系 | 情境/行为/触点/痛点/需求/情绪 | 产品功能/交互原则/体验流程/体验触点/价值目标 | 系统要素/要素关系 | 流程/交互方式 | 要素角色/任务分工/协作流程 | 外观/功能/交互流程 |

## 第三节　居家养老服务系统设计的工具与路径

居家养老服务系统其本质属于社会系统内养老服务系统，构建居家养老服务系统就是要基于社会系统的基本要素，根据具体服务系统的不同服务目标，有效组织社会系统内的可用要素，创新和重构要素的关系。居家养老服务系统的设计其本质也属于社会创新。

## 一、居家养老服务系统可视化表达工具

居家养老服务系统的构建需要使用可视化表达工具服务系统图，服务系统图可以是简洁的平面图，也可以是立体的动态图。通过服务系统图的要素与要素关系展示分析，以便于更好地整合要素和调整要素之间的服务流向，组织系统内的秩序、结构。服务系统图的可视化表达将用户作为视觉中心，所有要素围绕用户，按提供资源的直接关系和间接关系，在四周按层级分布。（见图 6-2）

| | | | | |
|---|---|---|---|---|
| 要素 I | 要素 X | 要素 W | 要素 V | 要素 U |
| 要素 J | 要素 H | 要素 A | 要素 B | 要素 T |
| 要素 K | 要素 G | 用户 | 要素 C | 要素 S |
| 要素 L | 要素 F | 要素 E | 要素 D | 要素 R |
| 要素 M | 要素 N | 要素 O | 要素 P | 要素 Q |

图 6-2　服务系统图基本要素模板

服务系统图内容包含系统要素、要素关系，要素包括参与服务系统的政府、企业、社会组织、个人和用户等。要素关系包括资金、物资、信息和人力劳动，还需要用箭头表明服务流向，即要素之间的社会资源的输出方向。（见图 6-3）

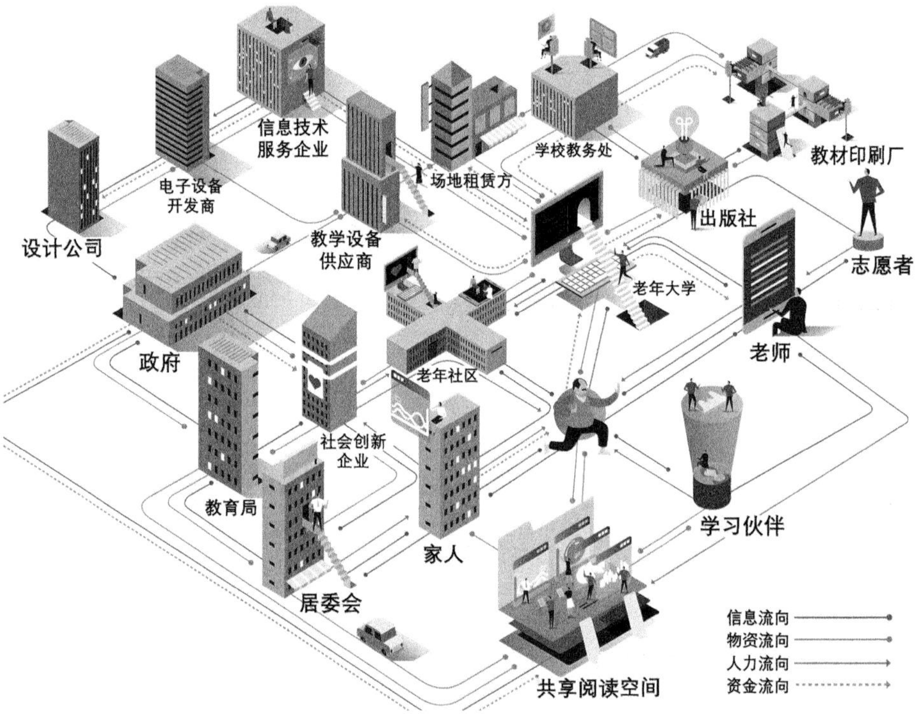


图 6-3　居家老年教育服务系统图案例

## 二、居家养老服务系统的要素整合

居家养老从概念上、模式上与家庭养老、社会养老有着很大的不同，但是在实际操作中，三种模式又不能完全分开，这归因于老年人的社会关系和养老服务系统的要素。居家养老是老年人居住在自己的家中，老年人属于家庭成员，家又属于社区的一部分，因此既不能与家庭割裂又不能与社会割裂。居家养老服务系统的要素构建必须依托家庭、社区和社会资源的整合。[①]

从广义上讲，政府和社会组织、市场主体机构和社会成员个人都可以作为要素被整合进居家养老服务系统中。

① 肖金花．超大城市自助养老服务设计 [M]．北京：化学工业出版社，2021：44-47.

政府是国家公共行政权力的载体和实施者，按照行政层级主要分为中央政府和地方政府。各级政府下设相应的机关、部门及其派出机构，具体执行行政职能。政府主要通过发布行政命令、决策、法规，以及进行行政裁决、查处和监察等方式，履行其规范、管理、领导、监督和保障公民权利的职责。其工作范围涵盖经济、教育、科技、文化、卫生、体育、城乡建设、财政、民政、公安、民族事务、司法行政、计划生育等众多领域。① 在居家养老服务系统中，政府作为核心要素，承担着关键职能，包括：制定政策、提供资金与物资支持、整合人力资源以及实施监督管理。这些职能也是政府与其他系统要素（如服务提供者、社区、家庭等）互动和建立关系的重要方式。

以山东省为例。山东省不断建立健全基本养老服务经费保障机制，保障基本养老服务发展经费，根据经济发展水平和老年人服务需求，逐步增加对基本养老服务的投入。为破解建设运营难问题，民政部门会同财政部门设立省级养老服务专项资金，每年安排不少于 5 亿元用于支持养老服务发展。

在津贴补贴方面，对 60~79 周岁、80~89 周岁、90~99 周岁低保老年人每人每月分别给予 80 元、100 元、200 元生活补贴，对符合条件的增发 80 元护理补贴，惠及 61 万低保老年人。实施高龄老年人津贴制度，年发放资金 10 亿元以上。

山东省注重优化养老服务制度体系建设，不断强化政策创新。2020 年，省人大常委会颁布实施了《山东省养老服务条例》，实现了山东省养老服务“有法可依”。省政府发布《山东省“十四五”养老服务体系规划》，率先在全国出台《关于推进基本养老服务体系建设的实施意见》，省有关部门先后出台银发经济、资金补助、农村养老、综合监管等政策文件 40 余个，逐步搭建了以《条例》为保障、规划为指引、政策文件为基础的政策体系框架。

按照居家老年人的年龄、身体特征，分别在日常就医、出行、健康管理等

① 中华人民共和国第十届全国人民代表大会第二次会议主席团．中华人民共和国宪法修正案 [J]. 中华人民共和国全国人民代表大会常务委员会公报，2018(S1):63-66.

方面给予政策、资金、人力劳动、信息等社会资源保障，拓展了众多的涉及民生的服务项目，明确了具体的责任部门、服务标准。[①]（见表 6-2）

**表 6-2　山东省为老服务对象、项目、内容和责任划分**

| 服务对象 | 服务项目 | | 服务内容及标准 | 牵头责任部门 |
|---|---|---|---|---|
| 60 周岁及以上老年人 | 1 | 职工基本养老保险 | 对符合条件的参保老年人按时足额发放基本养老金 | 省人力资源和社会保障厅 |
| | 2 | 城乡居民基本养老保险 | 对符合条件的参保老年人发放基础养老金和个人账户养老金 | 省人力资源和社会保障厅 |
| | 3 | 就医便利服务 | 优先就诊、化验、检查、交费、取药，需要住院的，优先安排住院 | 省卫生健康委 |
| | 4 | 自愿随子女迁移户口 | 按照有关政策规定办理随子女迁移户口手续，依法依规享受迁入地基本公共服务 | 省公安厅 |
| | 5 | 乘坐城市公共交通工具 | 免费乘坐城市公共交通工具 | 省交通运输厅 |
| | 6 | 参观公园和景点 | 政府兴办或支持的公园、景点免购门票；社会力量兴办的公园、景点，70 周岁以上免购门票，不满 70 周岁半价购买门票；半价乘坐政府投资建设的国有景区内的观光车、缆车等代步工具 | 省发展改革委、省住房和城乡建设厅、省文化和旅游厅 |
| | 7 | 进入公共文化设施 | 免费进入公共文化馆、图书馆、博物馆、科技馆、美术馆、展览馆、纪念馆等场所 | 省文化和旅游厅 |
| | 8 | 使用公共体育设施 | 按照时段免费或半价进入政府兴办或支持的公共体育健身场所健身 | 省体育局 |
| | 9 | 法律诉讼服务 | 老年人因其合法权益受侵害提起诉讼交纳诉讼费确有困难的，可以缓交、减交或者免交；需要获得法律服务，因经济困难没有委托代理人的，可以依法获得法律援助 | 省高级人民法院、省司法厅 |
| 65 周岁及以上老年人 | 10 | 老年人能力综合评估 | 为 65 周岁及以上老年人提供能力综合评估，做好老年人能力综合评估与健康状况评估的衔接 | 省民政厅 |

① 崔树义．山东社会蓝皮书（2024）：山东社会形势分析与预测 [M]. 济南：山东人民出版社，2023.

续表

| 服务对象 | 服务项目 | | 服务内容及标准 | 牵头责任部门 |
|---|---|---|---|---|
| 65周岁及以上老年人 | 11 | 健康管理服务 | 每年提供1次免费健康管理服务，建立健康档案，包括生活方式和健康状况评估、体格检查、辅助检查和健康指导等 | 省卫生健康委 |
| 80周岁及以上老年人 | 12 | 高龄津贴 | 按规定向80周岁及以上老年人发放高龄津贴，百岁以上老年人每人每月不少于300元 | 省卫生健康委 |
| 特困老年人 | 13 | 分散供养 | 对选择在家供养的特困老年人，依照有关规定给予分散供养，提供基本生活条件、疾病治疗、办理丧葬事宜等，基本生活标准不低于当地最低生活保障标准的1.3倍，对生活不能自理的给予照料 | 省民政厅 |
| | 15 | 分散供养特困老年人、家庭适老化改造 | 通过政府补贴等方式，对分散供养的特困失能、高龄、残疾老年人家庭实施居家适老化改造，有条件的地方可将改造对象范围扩大到城乡低保对象中的失能、高龄、残疾老年人家庭等 | 省民政厅 |
| 经济困难老年人 | 16 | 最低社会保障 | 对获得最低生活保障金后生活仍有困难的老年人，采取必要措施给予生活保障 | 省民政厅 |
| | 17 | 经济困难老年人补贴 | 对60~79周岁、80~89周岁、90~99周岁的低保老年人，每人每月分别发放80元、100元、200元生活补贴，100周岁及以上老年人按照《山东省人民政府关于印发山东省优待老年人规定的通知》发放补助。对身体能力评估为2~3级的低保老年人，每人每月发放80元护理补贴 | 省民政厅 |
| | 18 | 公证服务 | 对经济困难且符合法律援助条件的老年人申办公证，减免公证费 | 省司法厅 |
| 特殊困难老年人 | 19 | 探访服务 | 面向独居、空巢、留守、失能、重残、计划生育特殊家庭等特殊困难老年人提供探访关爱服务 | 省民政厅 |
| | 21 | 委托服务 | 委托有资质的社会组织接受独居、空巢、留守、失能、重残、计划生育特殊家庭等特殊困难老年人或其监护人委托，依法代为办理入住养老机构、就医等事务 | 省民政厅 |

续表

| 服务对象 | 服务项目 | | 服务内容及标准 | 牵头责任部门 |
| --- | --- | --- | --- | --- |
| 对国家和社会做出特殊贡献的老年人 | 22 | 优抚供养 | 老年烈士遗属、因公牺牲军人遗属、病故军人遗属和进入老年的残疾军人、复员军人、退伍军人，无法定赡养扶养人或者其法定义务人无赡养扶养能力且享受国家定期抚恤补助待遇的，提供集中供养、医疗等保障 | 省退役军人厅 |
| 经认定符合条件的残疾老年人 | 23 | 困难残疾人生活补贴 | 为低保老年人按照当地规定的标准发放生活补贴 | 省民政厅 |
| | 24 | 重度残疾人护理补贴 | 残疾等级评定为一级、二级且需要长期照护的重度残疾老年人，按当地规定标准发放重度残疾老年人护理补贴 | 省民政厅 |
| 计划生育特殊家庭老年人 | 25 | 计划生育特别扶助金 | 对60周岁及以上独生子女死亡特别扶助对象，每人每月发放990元特别扶助金；对60周岁及以上独生子女伤残特别扶助对象，每人每月发放810元特别扶助金 | 省卫生健康委 |
| 经认定生活不能自理的老年人 | 26 | 家庭养老支持服务 | 符合条件的失能老年人家庭成员参加照护培训等相关职业技能培训的，按规定给予职业技能补贴 | 省人力资源和社会保障厅、省民政厅 |
| 生活无着的流浪、乞讨老年人 | 27 | 流浪乞讨救助 | 依照有关规定给予救助 | 省民政厅 |

截至2023年10月，山东省已有14市建立经济困难老年人居家养老服务制度，为7.34万名老年人购买居家养老服务，保障资金2.3亿元；为34522名失智老年人发放定位手环，建立防走失关爱机制。

在长期护理保险制度方面，探索特色发展路径。2020年，在全国率先全面实施职工长期护理保险制度，济南、青岛、东营3市和部分县（市、区）还建立了居民长期护理保险制度，截至2023年10月，全省长期护理保险参保人数达到3948万人，居全国第一位，平均报销比例达到70%以上，减轻了失能人员家庭经济负担。

在老年人优待制度建设方面，对全省及省外来鲁的60周岁及以上老年人，不分国籍、不分地域，享受免费乘坐城市公共交通工具等6类老年人优待政策，实现各市互认、省内通用。为实现这一目标，省级相关部门共安排补助资金1亿元用于支持老年人免费乘坐公共交通工具。

在养老服务设施布局方面，坚持问题导向，聚焦制约养老服务高质量发展的瓶颈问题，加强资源统筹，破解规划用地难问题，将养老服务设施纳入国土空间总体规划，16市和县级民政部门全部纳入当地国土空间规划委员会，分别按照新建、老旧居住区每百户20平方米、15平方米的标准配建社区养老服务设施。建立起社区养老服务设施同步规划、同步建设、同步验收、同步交付使用的“四同步”机制，着力解决“最后一公里”问题。省级优先保障养老建设项目用地，安排养老服务设施建设专项用地指标3万亩。截至2023年10月，社区养老服务设施从无到有，发展城市社区老年人助餐食堂7920处，创新发展“家庭养老床位”5.2万张，推动专业服务向家庭延伸。

在养老服务供给能力和质量方面，坚持以老年人需求为导向，推动养老服务实现质的有效提升和量的合理增长，在全国率先出台《关于推进基本养老服务体系建设的实施意见》，明确27项清单内容，省市县基本养老服务清单发布实现全覆盖。计划于2023年年底前全面建立特殊困难老年人关爱服务、政府为经济困难老年人购买养老服务。

在居家社区养老服务供给方面，开展了社区养老服务设施清查整治专项行动，社区养老服务设施配建达标率在全国率先达到了100%。全省发展城乡社区养老服务设施2.4万处，建设助老食堂1.1万处、家庭养老床位5.8万张，实施特殊困难老年人家庭适老化改造10.2万户。

在农村养老服务供给方面，聚焦农村老年人的养老需求，总结推广“沂南孝德基金”“荣成暖心食堂”“岚山村级养老服务中心”“成武新型农村幸福院”等经验做法，整合政府补贴、集体投入、子女缴费、慈善捐赠等多元资金来源，积极打造政府扶得起、村里办得起、农民用得上、服务可持续的农村养老模式。

在老年人心理健康状况评估工作方面，为老年人特别是空巢、失能、计划生育特殊家庭老年人提供心理辅导、情绪疏解等心理关怀服务。鼓励设置心理科的医疗卫生机构、心理咨询机构开通老年人心理援助热线，为老年人提供心理健康服务。加强精神障碍类疾病的防治宣传教育，提高老年人认知水平和依从性。大力推进养老服务信息化建设，建立了省级养老服务信息平台和县级养老服务信息网络，提高了养老服务的效率和透明度。老年人运用智能技术困难问题逐步解决，进一步优化了老年人出行、消费、就医、金融等高频事项服务方式，提高了服务便捷性。①

山东省各级政府部门按照明确的职责，充分发挥公共行政权力，积极创造实施条件，对社会要素、资源进行了整合，有效推动了居家养老服务系统的建设。

社会组织是围绕共同的目标并按照一定的宗旨、制度、系统建立起来的集体，它包括社会团体、民办非企业单位和基金会。社会团体分为行业性、学术性、专业性和联合性社团。民办非企业单位有企业事业单位、社会团体和社会力量及公民个人举办的从事社会服务的社会组织，主要分为文化、教育、民政、科技、卫生、劳动、体育、法律服务和中介服务等。基金会主要是利用捐赠财产从事公益事业，包括公募和非公募两种。市场主体机构主要指企业，各行各业的设计研发企业、生产型企业、服务型企业和人力资源管理企业等等。其中与老年人关系较为密切的主要包括街道办事处、社区居委会、医院、社区门诊、物业管理企业、商超、公共交通部门、文化教育机构、消防、银行等。②作为社会成员的个人，也可以根据自身所具备的人力劳动（体力劳动和脑力劳动）、技能和所掌握的资金、物资、信息，作为要素参与服务系统。其中与老年人有着较为密切关系的同事、朋友、同学、邻居、商业伙伴等也可以作为系统要素出现，他们日常生活中与老年人联系较为密切，情感容易同步。

作为社会系统成员的居家养老老年用户，在日常生活中有各种各样的行为方式，每一种行为方式、生活方式中都会有不同的问题和需求，这些问题和需

① 崔树义．山东社会蓝皮书（2024）：山东社会形势分析与预测 [M]. 济南：山东人民出版社，2023.

② 王乐乐．社会企业的法律定位研究 [D]. 哈尔滨：黑龙江大学，2021.

求就是服务系统的目标。根据不同的服务系统目标，我们可以将相关的政府、社会组织、企业和个人作为要素整合进居家养老服务系统中。居家养老离不开家庭，作为家庭一员的居家养老老年人，其家庭成员则是居家养老服务系统的重要系统要素。

根据“系统和要素是事物由于整体性联系而产生的两重属性”理论，已经存在的事物，即已经存在的系统，都可以作为个体融入新的系统中。以数字媒体 APP、网站等形式存在的定制生产系统、销售系统、监督管理系统等各类生活服务系统，都可以根据需要作为个体要素参与居家养老服务系统中。诸如支付系统、线上购物、美团外卖、滴滴出行、天气等等。

居家养老服务系统要素的整合，需要根据老年人的日常生活需求和在某一生活方式的行为旅程中的痛点、需求和体验目标来确立。根据居家养老老年用户对物资、资金、信息和人力劳动的具体需求内容和形式要求，来整合相应的政府和社会组织、市场主体机构、社会成员个人以及家庭成员共同参与。

居家养老服务系统要素的整合，既要根据实际需求精准定位相关的组织或个人，还要本着丰富完善的原则，尽可能地拓展、增加服务系统的要素，以保证系统架构的完整性和服务目标的有效实现。

## 三、居家养老服务系统的要素之间的联系与关系

系统和要素是既对立又统一的辩证关系，事物具有系统和要素的两重普遍属性。系统是一个整体、总体，是事物或其关系、现象、过程相互联系、相互作用的结果，要素就是参与其中的事物或其联系、现象和过程。系统也可以表述为体系、有机整体、统一体、联合体等，要素则可以表述为组成部分、因素、因子、有机成分、构成成分、元素等。系统的整体特性是区别于各个组成部分的，要素只有与整体性联系或结合构成整体才能成为要素。① 因此，发现

① 韩美群. 中国古代和谐范畴与西方矛盾同一性辨析 [J]. 云南社会科学，2016(02): 40－43.

和创造事物与其他事物的联系、关系，是其与整体性联系或结合构成整体成为要素发挥价值的首要任务。

社会系统中的政府、社会组织、企业、个人、家庭成员以及其他可以成为新系统中的要素的系统，都需要基于能否与整体性联系或结合构成整体这个原则，才能决定是否成为居家养老服务系统的要素。

联系是事物之间或事物内部要素之间相互影响、相互制约、相互作用的过程、状态，关系是其存在的相互影响、相互制约和相互作用的状态和结果。联系和关系都是动态的、可变的、发展的，关系是相对稳定的，但也会由于要素主体自身的变化和环境的变化而产生变化和发展。

居家养老服务系统的要素与要素之间的关系可以概括为物资、资金、信息和人力劳动四方面，要素之间能否产生联系并形成固定的关系是系统能否成功的关键。这些所谓的联系和关系，本质上就是每个要素和作为要素的系统所具有的社会资源，以及这些社会资源的流向，或从社会资源主体角度讲叫作“输入”“输出”，这些社会资源就是系统内要素输入、输出的内容。如在租车服务系统中，用户与租车公司产生关系，这种关系就是用户将资金和个人身份信息作为个人的社会资源分别输出给租车公司、保险公司等，租车公司输出车辆的使用权、人力服务等给用户，参与系统的政府输出管理制度、信息等，保险公司输出保险服务给用户和租车公司。

物资、资金、信息和人力劳动基本涵盖了要素的关系种类即服务的社会资源。物资是指以物理状态存在的有形物体，是物质和资源的简称。物资包括自然界直接提供的有形物，还包括经过劳动获得的劳动产品，包含工具产品类物资、资料类物资等。物资的输出方主要是政府相关部门、生产企业、商品销售企业、运输企业等，它们通过直接或间接的关系输送给用户。

资金是指以货币形式存在，可用于商品交换的资产，泛指可用于购买和支付的现金、数字人民币，还包括可以在内部代替现金使用的卡、券等。资金的输出方按照现金流通的渠道可以包括政府、企业、社会组织、个人和用户，其中包括政府相关部门、银行、证券股票企业、投资企业、基金会、资金平台企业、商户、消费者、信托企业、贷款公司等。居家养老服务系统内的资金来源主要包括政府发放的养老金、退休金、养老补贴等，还包括社会保险企业发放养老金，以及家庭存款、投资收益、子女供给等等。

信息是系统结构中要素之间产生联系的核心内容，信息对于系统功能、系统目标的实现起到重要的作用，信息的内容与流向是系统创新发展的重要基础。信息是事物属性标识的集合，包含物质属性的反映、事物属性的标识和客观事物普遍属性的表征。从用户主体角度分析，信息包含个人身份信息、健康状况信息、生理特征信息、心理特征信息、习惯和爱好信息、行为计划信息、个人认知信息等①；从用户需求角度分析，信息包含知识型信息、消息型信息、政策信息、市场信息、产品信息等现实需求信息和潜在需求信息；从用户生产传播信息的路径分析，包含日常生活语言交流信息、情感交流信息、肢体语言信息等等。此外还包括信息服务自身的来源信息，即信息的提供者、信息的媒介路径、信息服务的时间等。

各类信息的承载形式包含文献、数据、符号、影像、事实、声音等，还包含其他各类通过人的感官感受大脑处理后生成的信息。居家养老服务系统内的信息围绕信息的生成、传递和接收产生要素关系，信息对用户的生活、行为、认知、情感等具有重要价值，对其他系统要素同样需要信息来开展相关的服务。

人力劳动又被称作服务，主要指由人基于其思维能力、认知能力、语言能力、观察能力、计算能力等表现出来的智商和基于理解能力、感受能力、运用能力、表达能力、控制能力、调节能力等表现出来的情商，以及通过力量、速度、耐力、协调性、柔韧性和灵敏度体现出来的体能，输出智力劳动、体力劳动过程及其结果，人力劳动是社会发展必不可少的重要人力资源。人力劳动是居家养老服务系统中重要的资源和服务内容，输出人力劳动的系统要素，主要

① 朱灏.个人行为轨迹信息的民事司法保护体系构建[J].广州广播电视大学学报，2022,22(02):96-105,112.

通过人的脑力劳动提供知识或方法，通过体力劳动辅助完成某一行为，以及发挥人力劳动的智商、情商，开展语言交流、心理交流，在行为过程中获得优良体验，帮助用户获得满足感、幸福感和精神慰藉。

根据服务设计“以人为中心”的原则，每一个系统内的要素既是服务输出者又是服务接受者，都需要在输出物资、资金、信息和人力劳动的同时，获取对方提供的、自己所需要的物资、资金、信息和人力劳动。在居家养老服务系统中，每个要素的利益和价值都能实现是系统保持稳定、健康、可持续发展的重要前提条件或指标。（见图 6-4）

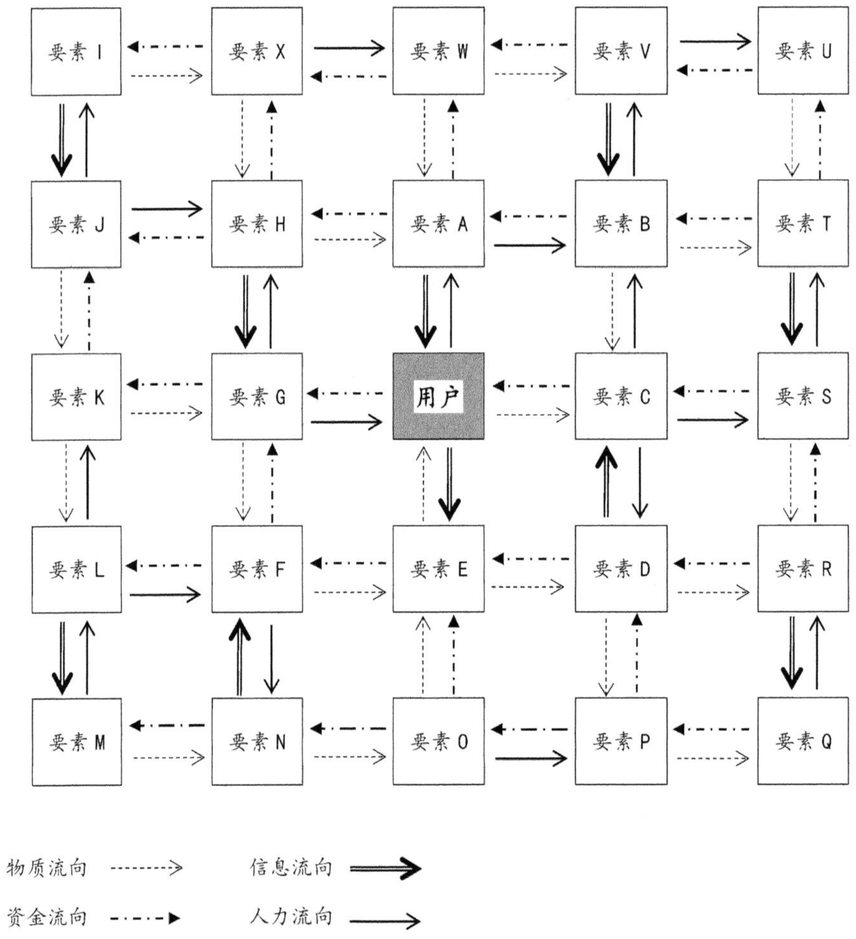


图 6-4　服务系统要素关系表达模板

# 第四节 基于用户体验的居家养老服务设计系统性研究

世界经济形态经历了从农业经济、工业经济、服务经济到体验经济的演进。在此过程中，核心产出形态由初级产品、制成品、服务逐步升级为体验；产出的核心性质从标准化、有形性、无形性转向了个性化与情感性；供给的主要特征也相应从自然性、标准化、定制化发展为高度个性化；与此同时，消费者的核心需求要素也从关注产品特征、功能特性、服务利益，日益聚焦于追求独特的综合感受——即体验本身。

## 一、用户体验分析

用户体验是人们的主观认知印象和心理反馈，是用户在使用客观实体产品或接受人力、虚拟服务的前、中、后各个阶段，产生的主观感受（情绪变化）、认知、印象和回应。用户体验是衡量产品质量与服务质量的重要标准之一，同时又是有效开展用户研究、定义概念、研究问题、发现需求与提出方法的有效策略，是开展改进型创新和颠覆性创新的重要手段。

用户体验是多维度、多层级的，包括基本感官体验、交互体验、心理认知和需求差异四个层级。（见表 6-3）用户在使用产品或服务的过程中，既能够通过基本的感觉器官来达到视觉、听觉、触觉、嗅觉和味觉的基本感受，又能够在与产品、人、环境、软件的互动关系中产生交互体验，还能够产生心理的一系列认知体验，更能够对比个人的需求而产生需求差异体验。这些体验既包括针对独立触点的体验，又包括全局、全触点、全过程的体验。[①]

① ［美］杰西詹姆斯·加勒特．用户体验要素：以用户为中心的产品设计 [M]. 北京：机械工业出版社，2019:27-35.

**表 6–3　用户体验的层级**

| | | | | | | | | |
|---|---|---|---|---|---|---|---|---|
| 第四层 | 需求差异 | 生理需求 | 安全需求 | 爱与归属需求 | 尊重需求 | 求知需求 | 审美需求 | 自我实现需求 |
| 第三层 | 心理认知 | 舒适感 | 信任感 | 心理预期达成感 | 情感认同感 | 文化认同感 | 高级感 | 价值实现感 |
| 第二层 | 交互体验 | 可视性 | 可用性 | 信息性 | 友好性 | 易用性 | 智慧性 | 完整性 |
| 第一层 | 感官体验 | 视觉 | 触觉 | 听觉 | 嗅觉 | 味觉 | 知觉 | |

以用户体验为主的产品和服务大致可以包括功能型产品（工具）、功能型服务平台（APP 和网站）和信息型媒介平台（网站）三类，它们具备一致的战略、范围、结构、框架和表现五个要素层，共同构成了用户体验的基础架构，五个要素层构建的是一种纵向维度的逻辑关系，要素层之间紧密相关、相互依存，帮助我们围绕需要解决的问题和设计目标，开展从抽象到具象的体验创新流程。（见表 6–4）

**表 6–4　用户体验类别及基础架构要素层级**

| 要素层 类别 | 功能型产品 | 功能型服务平台 | 信息型媒介平台 |
|---|---|---|---|
| 表现 | 感知设计（外观、材料、工艺） | 感知设计（文字、图形图像、声音） | 感知设计（文字、图形图像、声音） |
| 框架 | 开关、按键、界面 | 界面设计、信息设计 | 导航设计、信息设计 |
| 结构 | 操作、机械结构 | 交互设计 | 信息架构 |
| 范围 | 功能规格 | 功能规格、内容需求 | 内容需求 |
| 战略 | 用户需求、产品目标 | 用户需求、产品目标 | 用户需求、产品目标 |

在战略要素层，三类产品、平台关注的内容与用户想要达到的理想目标基本一致，即用户需求和产品目标；在范围要素层中，功能型产品主要是创建功能规格，功能型服务平台既有功能规格又有内容需求，而信息型媒介平台则主要针对内容需求；在结构要素层，功能型产品针对的是操作和机械结构，功能

型服务平台主要是交互设计，信息型媒介平台则是信息架构，通过将内容元素合理安排以提升用户对信息的理解；在框架要素层中，功能型产品针对的是开关、按键和界面，功能型服务平台主要针对界面设计和信息设计，信息型媒介平台则包括导航设计和信息设计，主要是界面元素的组合；在表现要素层中，三类产品和平台都为最终产品创造感知体验，具体形式稍有差别。

## 二、系统性本质与服务设计系统性创新本质的关系

世界是由无数个巨系统、大系统、子系统和微系统组成的，它们是相对的宏观系统和微观系统，要素、连接（关系）和目标是系统的最基本构成内容，系统的要素包括有形的实体和无形的事物，要素与要素之间存在紧密的连接关系，按照特定规律相互作用，为达成某一目标持续运行。系统性是将系统作为层次分明的整体，整体的各要素相互连接，从不同维度产生各种逻辑关系，形成规律和秩序，不断实现阶段性、局部性结果和整体目标。系统性的特征表现为整体性、相关性和有序性。

设计属于系统性创新，它将科学、技术、艺术、文化等作为系统要素整合到一起，综合运用理性思维、感性思维和抽象思维，创新要素之间的连接关系，达成解决问题、满足需求等功能型目标和体验型目标。缘于系统性的特征，设计创新也要保持系统性思维特征。系统性思维特征包括全面思维、深层次思维和动态思维，即广度、深度和角度。整体性是系统的最根本属性，全面思维是系统性思维的首要特征。深层次思维，就是不只停留在事物的表面，而是要透过表面发现其本质，明确潜藏在事件和趋势背后的结构。动态思维就是不局限于静止的片段和侧面，而是要明确发展的动态，预见可能的变化和结果，更是从表示因果关系的线性思维转变为因果互换、要素互联的环形思维。服务设计属于设计范畴的一种系统性创新思维方式，它以用户为中心，以系统性解决用户问题、满足用户需求和提升用户体验为目标，运用系统的方法有效连接政策、管理、人力、物资、资金、信息等各项要素（社会资源），各要素

之间紧密联系、相互作用，构建产品、软件和服务平台多种形式为一体的服务系统。[①]

## 三、居家养老服务设计系统性策略

居家养老服务设计要经过用户定位、用户研究和服务系统构建设计三个基本过程，基于用户体验的居家养老服务设计系统性策略主要包括以下几方面。

### （一）居家养老服务设计定位的系统性

养老属于社会系统中的子系统，与国家、城市、企业、家庭等子系统紧密联系又相互影响。养老服务工作属于社会保障工作系统中的子系统，养老服务工作要做的是满足老年人的需求和创新老年人的生活方式，同时又是为了解决社会系统发展中出现的老龄化一系列问题。养老服务工作的最终目标是保障老年人在社会系统中的价值，支持并推动社会系统的有效运行和可持续发展。

相对于养老服务系统而言，居家养老服务则是其子系统。居家养老服务设计是以家庭住房这一空间环境、家庭成员和产品为主要限定情境开展研究和创新。居家养老服务设计创新，其本质就是运用服务设计的系统性思维，在社会系统大系统、养老服务子系统中开展要素、关系的创新，最终实现老年人在居家生活情境中的不同层次需求的服务目标。任何人、事、物都是社会复杂系统中的一个组成要素，居家生活的每一件事物都与家庭环境之外的事物紧密相连。并与家庭所在地的社区、镇村、城市等系统紧密相连。

### （二）老年人用户定位的系统性

老年人本身就是一个系统。首先，老年人是一个生物概念的系统，这个

---

① 李亚军．“设计”是一项系统性的科学研究 [J]. 设计，2021,34(08):66−69.

系统由神经、消化、呼吸、骨骼、肌肉、内分泌、生殖等众多子系统组成。其次，老年人又具有社会属性和社会系统特征，老年人不是独立存在的个体，他与其他人、事物具有密切的关系。把老年人个体作为一个系统来研究分析，对于服务设计创新具有重要的价值。最后，老年人又是一个由年龄和行为习惯等划分的群体概念，是相对于中年人群、青年人群、少年人群、儿童人群以及婴幼儿人群而言的。老年人群与其他人群都是构成社会系统的要素，各类人群之间关系密切且复杂，开展老年人服务设计研究，必须充分考虑与其他人群的关系和影响。

从系统角度和用户体验综合角度看，老年人不仅仅是养老服务的受益者，还是服务的提供者。老年人可以共享服务系统内的物资、资金、人力、信息等资源，满足老年人基本的生理、安全等基本层次需求体验，又可以运用自身具备的知识、能力给予社会提供一定的服务，从而完成其实现自身价值的更高层次体验。从系统发展角度看，老年人是可变的要素，可以适当拓宽老年人的年龄限制范围，不局限于按照年龄界定划分，而是从身体特征、职业变化（退休）、行为方式等方面，适当拓宽老年人要素的范围。

### （三）老年人用户研究的系统性

老年人用户研究的目的是更准确地分析老年人的特征、关系、行为习惯和生活方式，发现体验的内容和层级，定义居家养老服务这一系统的目标。老年人用户研究主要包括老年人用户调研、老年人用户分析、老年人用户体验研究和老年人体验定义与目标定位。

#### 1. 老年人用户调研

首先，要明确调研对象。要从年龄、居住方式以及健康状况等多角度界定研究的具体人群范围。除老年人自身外，还要研究与老年人产生密切关系的人和组织，即利益相关者，还要分析这些利益相关者与老年人之间的关系、距离及影响度，以及利益相关者之间的关系。从系统要素的相关性特征看，要素之间会产生各种各样的关系，这些关系就会直接或间接影响到老年人的体验。其次，要采用系统全面的调研方法。有计划、有针对性的观察法可以帮助我们生成更加直接、生动的感性认识。侧重系统性和逻辑性的问卷调研，能够帮助我们更加广泛、全面地了解老年人的基本信息数据，掌握服务对象整体性的基本特征、生活方式和主观需求。访谈调研可以深入与目标用户开展交流，既能够弥补问卷调研的缺项，又能够详细观察记录用户的感受和反馈，帮助我们认知用户的真实信息。最后，要科学系统地制定调研内容。不仅要从用户的基础属性角度，研究老年人的生理特征、心理特征、行为习惯等内容。还要从社会属性角度，研究老年人的社会关系、价值影响、职业背景、收入与消费能力等内容。

2. 老年人用户分析

要采取多角度、多维度的用户分析，区别个体差异与整体特征的内容，区分主观信息和客观信息，以做到全面、综合、科学。首先，分析用户调研内容时，不能带有主观的目标性和指向性，要打破之前的主观片面认识，重新建立新的客观认识。其次，充分使用定性分析法，采用辩证、逻辑的形式和方法，进行归纳、比较和综合分析，以确定调研内容的属性与特征。再次，分析过程中还要充分使用同理心等方法，以保证分析的客观性。最后，用户分析的结果要实现数据化、信息化、可视化和概念化。数据化能够更加客观地反映事物可量化的内容，信息化则是从大量数据中提取真正有价值的内容，将这些内容进行抽象概括形成可进行设计转化的概念，并以图形、色彩、文字（关键词）等可视化的形式展示出来。

3. 老年人用户体验研究

用户体验是居家养老服务系统的核心，是老年人在其接受服务行为过程前、中、后各个阶段中，与服务系统中的各个密切相关的要素接触后，产生的直接感觉和心理综合认知。

老年人用户体验研究包含初次分析和用户体验分析两个阶段。用户调研和用户分析作为初次分析，可以得到用户的主观体验反馈信息，而用户客观的体验内容则需要通过分析用户的行为来得出。首先，要明确用户这一行为发生的具体情境，以确定影响用户行为的关键要素。其次，要明确用户在某一时间段的综合行为或衣、食、住、行、娱乐、学习、健身、社交等某一行为旅程。再次，要分解其在行为发生的前、中、后三个阶段，具体分析用户在与周围的环境、人、产品等产生接触时产生的情绪变化。最后，要得出在这一行为过程中的单个触点体验和全过程综合体验，以明确用户的痛点和需求，初步确定用户在使用产品或服务中，对产品功能规格、交互方式、服务流程等内容。这一过程，从系统本质上就是研究要素和要素之间的关系，明确各要素对老年人这一要素的影响、作用和价值。

4.老年人体验定义与目标定位

开展老年人用户研究是为了明确服务设计目标和准确定位体验的层级和内容。体验的提升需要实现整体最优化，即用户行为全旅程的体验提升。（见表6-5）首先，针对行为旅程中的接触点所产生的痛点进行分析，明确问题、需求和体验的本质。其次，围绕整体的情绪变化曲线进行分析，明确体验的整体目标，限定体验的层级并提出一个或多个抽象的体验定义。通过分析，既可以明确服务设计的整体目标，实现体验的战略层和范围层规划，又能够从抽象的体验定义出发，开展联想、想象等艺术思维，将抽象的概念以虚拟平台和可视物的形式表现出来，实现体验的结构层、框架层和表现层设计。

**表 6-5　体验目标、层级与内容**

| | | |
|---|---|---|
| 行为旅程、触点 | 表现层 | 感知设计 |
| 痛点 | 框架层 | 开关按键、界面设计、导航设计、信息设计 |
| 情绪曲线 | 结构层 | 结构、交互设计 |
| 信息提取、抽象概念 | 范围层 | 功能规格、内容需求 |
| 服务设计目标 | 战略层 | 用户需求、产品目标 |

## （四）居家养老服务系统要素系统性构建策略

1. 全要素深度广泛整合

要素的全面性和广泛性是影响系统价值实现的基础。系统要素越丰富，所产生的关系越多，才会形成更多的功能，便于我们更好地实现系统的发展。居家养老服务系统的要素整合，要从能提供法律、政策、监管、资金、物资、文化、信息、人力、虚拟服务等养老服务内容的组织和个人范围开展，大致分为十六类。

第一类是法律法规条例的制定和执行机构、政府及下设的机构部门以及基层组织等；第二类是公立和私立的医疗、健康、教育、金融、交通服务行业企业；第三类是从事衣、食、住、行、用等民生需求的生产型和服务型企业；第四类是专门提供人力服务的机构、企业；第五类是从事文化管理、传承创新及展示交流的部门、院所、机构、企业和场馆；第六类是公益性质的社会组织、志愿服务组织和志愿者；第七类是从事产品创新、销售的设计企业和生产销售企业；第八类是从事质量监管的机构、部门及负责行业自律的行业协会；第九类是提供通信、定位、信息服务的网络运营商、广播电视台、信息媒体、影视公司；第十类是从事数据统计和信息生产的互联网平台企业；第十一类是提供人力资源培养、培训、管理、交易、输出和管理的院校、教育机构和中介企业；第十二类是从事资金募集、捐助、投资、管理的公益基金及机构、组织；第十三类是能够提供创意、宣传、推广的媒体和企业；第十四类是与老年人生活体验较为紧密的家庭、工作单位、社区、邻里街坊；第十五类是其他可提供生产和服务共享的各行业专业人才；第十六类是其他可提供空间环境资源、时间资源、物质资源、文化信息资源等共享的场馆、政府机构、企业等。（见表 6–6）

**表 6–6 全要素内容和分类**

<table>
<tr><td>要素内容</td><td>法律、政策</td><td>监管</td><td>资金</td><td>物资</td><td>文化</td><td>信息</td><td>人力</td><td>虚拟服务</td></tr>
<tr><td rowspan="3">大致类别</td><td rowspan="3">第一类</td><td rowspan="3">第七类、第八类</td><td rowspan="3">第十二类</td><td>第三类、第七类</td><td>第五类</td><td>第十类</td><td>第二类、第三类、第四类、第六类、第十一类、第十五类</td><td>第九类、第十三类</td></tr>
<tr><td colspan="4">第十四类</td><td></td></tr>
<tr><td colspan="5">第十六类</td></tr>
</table>

2. 新型要素关系创新重构

要素关系创新重构是服务设计系统性创新的关键。在整合各要素的基础上，充分挖掘要素之间的内在特征，并构建更紧密、多层次、互惠性更强的复杂关系。重构之后的要素，会产生各种各样的关系和生态，能够提供不同的养老服务内容，支持并保障系统的可持续发展。居家养老服务设计的要素关系，要以老年人用户为中心，能够对老年人直接或间接产生影响。这种关系的创新重构方法可以分为六种。第一种是角色关系转变，即重构用户与利益相关者的关系、生产者与消费者的关系、政府机构与商业企业以及公益机构的关系，还包括道德伦理关系等。第二种是商业性与公益性互相转变，即要全新梳理政府、企业、公益组织的关系。第三种是输出与接受的主体关系转变，即要转变生产者与消费者、提供者与享受者的关系。第四种是线上线下关系的转变，即实体型关系向平台型关系转变，依托互联网、物联网、虚拟技术与实体产生的“互联网 +”“平台 +”“虚拟 +”等新型关系。第五种是专属要素占有型关系向共享型关系转变。第六种是主次型关系向平等协作关系转变。

3. 明确的居家养老服务系统目标定位

目标是决定服务系统走向和服务价值实现的核心。根据体验的内容和层级，居家养老服务系统目标定位可以分为三个维度和三个层级。三个维度是“助老”“适老”和“为老”。“助老”主要解决老年用户的基础性问题，构建基本保障系统，满足其生理、安全需求；“适老”是提升老年用户的体验，满足老年用户的爱与归属、尊重、认知、审美等需求；“为老”是创新老年用户生活方式，实现其自我实现、超越等价值需求，提升老年人的幸福感。三个层级是“可用”“易用”和“爱用”，是针对用户体验的层级而定位的。“可用”是指服务系统的基础功能要有益于老年用户，能够满足用户的基本需求，需求有效性高、效率高和满意度高；“易用”是指服务系统架构合理，实体操作和虚拟交互都简单没有障碍，符合老年用户的习惯，不会让老年用户感受到压力和挫折，效率达到最高；“爱用”是指服务系统对用户友好，老年用户在使用服务系统的过程中，能够产生较好的情绪感受并能够忠实于它。（见表 6-7）

**表 6-7　目标维度与层级**

| 目标需求 | 目标体验 | 目标维度 | — | 目标层级 | 目标体验 | 目标需求 |
|---|---|---|---|---|---|---|
| 生理、安全需求 | 解决基础性问题 | 助老 | — | 可用 | 有益于老年用户 | 有效性高、效率高和满意度高 |
| 爱与归属、尊重、认知、审美 | 提升体验 | 适老 | — | 易用 | 没有障碍 | 效率达到最高 |
| 自我实现、超越 | 创新生活方式 | 为老 | — | 爱用 | 对用户友好 | 产生较好的情绪感受 |

居家养老服务设计是一项系统性的设计创新工作，其不单单是供给单一的资源或实施某一项服务，而是需要从系统的高度和角度，从老年人生活的社会环境出发，以一种全局性、整体性的策略，整合现有的要素资源并创新要素关系，坚持始终将提升用户的体验为核心目标，才能产出更多有效、有价值、可持续的服务系统、服务平台和服务型产品，从而推动社会关系的创新和商业模式的创新，最终满足老年人居家养老的需求，创新老年人的生活方式。

# 第五节　系统性原则指导下的居家养老服务系统的设计策略

居家养老服务是一项复杂的社会性、系统性工程，居家养老服务系统需要基于系统设计的基本理论。马克思主义系统观基于唯物辩证法分析了社会的整体联系，认为整个社会是运动发展的过程集合体，而且各领域之间和领域内部存在“近乎系统”的内在逻辑关系。构建系统需要基于动态性原则、非加和性原则、结构性原则、整体性原则开展。[①] 除此之外，居家养老服务系统设计还要坚持开放性原则、自组织性原则等等。

## 一、动态性原则下的居家养老服务系统设计

所有系统虽然都是处在一定的环境中，但系统不是稳定不变的，而是动态的、开放的，与系统外界有着密切的联系，并且会随着时间的推移不断发展变化，而且其始终处在一个动态的平衡过程之中。

系统的动态性原则来源于事物的客观规律性，因为时间是不断前行的，每一个事物都是动态发展的。在发展的各个阶段、节点中，都有可能受到外部环境因素、内部矛盾关系变化以及新要素的影响，而出现新的问题、新的需求，系统目标也会不断发生变化和提升。再加上科技的创新、文化的创新、管理的创新等一系列的创新推动，系统会出现更多的新特征、新要求和新趋势，系统也就产生了迭代的可能。

外带送餐服务早就在酒店、餐饮行业中存在，属于餐饮服务系统中的子系统。但是随着时代的变化、互联网技术的应用普及、人们生活节奏的转变和需

① 鞠俊俊．马克思主义系统观的几个原则 [N]. 学习时报，2021－05－10(2).

求的提升，送餐服务也在不断发生变化。在电话这个通信工具普及之前，餐饮的外带预订需要到店付款下单，然后由饭店的伙计担任外送人员，根据用户地址送上门，外带餐饮的包装以食盒、食篮为主。电话和汽车等工具型产品普及后，通过电话订餐送餐成为饭店的重要服务内容，外卖盒、保温箱、餐具也被创新成为提高服务质量的重要内容。互联网和智能手机的普及应用，使人们的生活方式发生了较大改变，便捷化、快捷化的餐饮外卖服务创新成为大家日常生活中不可或缺的外卖服务，餐饮服务实现了平台化，线上线下充分结合，餐饮种类越来越丰富。通过互联网和手机智能产品平台，人们可以自由选择更多的餐饮种类，可以通过平台进行对比选择，可以根据需求选择相应的数量，餐饮质量也有了更多的监督和评价机制保障，餐饮的包装、运输工具以及送餐人员都实现了专业化、标准化，服务质量得到较大提升。这一系列的创新、发展，都是在系统外部环境和内部要素的动态发展中进行的，随着人们需求的提升和社会环境的不断影响，外带餐饮服务还会不间断地变化调整和创新。

居家养老服务系统的构建，本身就是随着我国人口老龄化社会发展的进程、养老服务结构和形式发生的变化等问题，以及老年人不断发展的需求，应时而生、应势而谋、因势而动的事物。首先，随着互联网技术、数字智能技术、辅助驾驶技术以及AI技术的快速普及应用和实时迭代，系统设计的基础要素、要素关系和要素服务输出、输入的路径都在产生巨大变化。其次，居家养老服务的国家政策、实施措施也在不断地出台和强化，政府作为系统要素输出的资金、物资、信息以及通过购买提供的人力劳动也越来越多、越来越丰富，对居家养老老年人群的生活环境、基础设施、家庭环境也在通过适老化改造等措施不断提升，更加关注老年人居家养老的生活质量和幸福感。最后，随着人口老龄化进程变化和社会文化、经济发展，新增老年用户和现有老年用户的基本生理和心理特征、行为习惯、收入与支出状况都发生了很大改变，老年用户的日常行为方式以及在其中出现的问题、痛点、需求等也出现了新热点、新态势，都在动态变化之中。系统内部和系统所处情境等多方面的因素推动系统整体也在动态发展变化之中。

因此，开展居家养老服务设计不仅要求我们及时关注新技术的产生和发展，还要在研究社会环境的变化和发展基础上，及时调整和完善系统的局部功能和整体目标。更要不断研究老年用户的新问题、新需求及其在社会情境变化中的发展规律，不断创新有针对性的方法和内容。

## 二、非加和性原则下的居家养老服务系统设计

系统论基本原理分析认为，系统是具有一定新功能的有机整体，是由众多事物即要素组成的，但是事物成为系统的整体的一部分后，就产生了原先作为事物没有的功能和性质，就会形成新系统的质的规定性。因此，形成整体性的性质和功能与事物简单相加得出的总和不一致的结果，这种特性即非加和性。[①]

在居家养老服务系统设计时，要注重要素的组成结构，在考虑政府、社会组织、企业、个人及用户的家庭成员是否纳入服务系统时，首先要从用户行为的全旅程、全触点和综合体验视角，发现触点之后的服务内容输出者和接受者，比如，触点产品开发设计生产销售企业、银行等金融企业、志愿者协会等社会组织等，并将其作为要素纳入系统中，研究其与用户和其他要素产生联系的可能性。其次要将用户日常行为的利益相关者，全部纳入居家养老服务系统作为要素出现，部分间接利益相关者由此可能成为与其产生直接关系的要素。最后，要充分研究老年用户作为要素输出能量的可能性，挖掘老年用户自身所具备的智力劳动、信息等资源，与其他要素产生双向关系。成为要素进入系统之后的老年用户，也会产生其之前没有的功能和性质，成为服务内容的输出者，从而为其他要素和自己创造经济价值和社会价值，这样融入系统的老年用

---

① 上海系统科学研究院．系统论的基本原理 [EB/OL].[2021－03－21]. https://sass.usst.edu.cn/2021/1103/c12540a258365/page.htm.

户，不会再简单将自己作为服务的对象，有助于帮助其回归社会、融入社会发展中，最终实现自己的价值。

融入系统之后的个体、社会组织、企业等要素，会在系统中找到自己的多个角色位置，会发现自己忽略的且本来不具有较高价值的资源，包括个人独具的智力劳动和体力劳动，还有独自占有产品承载的功能信息等。在要素关系研究中，尽可能多地发现要素具备可能输出与其他要素产生关系的资源，包括闲置的、旧的、使用价值不高的资源，对其自身利益不大的物资、人力和信息等。然后将这些资源变独有为共有，并与多个要素产生联系，这些资源在系统中，既可以再次发挥资源的价值，又能够给资源输出者回馈收益，还能够为环境保护、可持续发展作出贡献。

进入系统之后的物资、人力和信息等资源，自身也会产生新的功能和性质，也有机会成为新的行业、产业的主体，新的社会关系的主导者，新生活方式的承载者。

共享单车是创新人们出行方式的重要服务系统，在人们的出行方式逐渐被私家车、公交车、出租车等交通工具和公共交通服务系统取代之后，传统自行车这种工具和传统自行车生产厂家逐渐失去了其社会价值，面临着发展的困境。

但随着大气环境的污染、科技的进步和人们对“最后一公里”“绿色出行”等出行方式的需求，构建绿色出行服务系统成为社会所需、生态所需。被纳入服务系统之后的自行车企业及个人，将所拥有的滞销的、废旧自行车这个物质产品作为资源输出给了政府、租车企业和个体经营户，政府、传统自行车生产企业、个人自行车主、租车企业、租车个体经营户最早成为小规模自行车租赁服务系统的重要因素，在系统中按角色分工将自行车、车牌车卡、停车桩、维修、车棚以及人力劳动、资金、信息作为输出的资源与用户产生关系。

在互联网技术、物联网技术、网上支付技术、导航技术、蓝牙技术以及智能手机开始大规模应用之后，人们对出行就产生了更高层次的需求，全新的共享单车服务系统就产生了。政府、城管、公共交通管理公司、设计公司、社会创新企业、金融投资企业、银行、自行车生产厂家、锁具生产企业、保险企业、电信企业、线上支付平台企业、具备自行车维修技术的个人等纷纷成为新系统的要素之一。

在系统中，它们找到了适合自己的角色，充分基于自己所具备的能量和资源，与其他要素产生联系，形成了众多的要素关系，各要素自身产生了新的功能和性质。银行与线上支付平台以及用户产生联系，先有押金后又将个人征信纳入系统中；电信企业与锁具厂产生联系，产生了智能锁；公共交通管理公司、共享单车企业、用户产生联系，产生了电子围栏；保险企业与共享自行车管理运营企业产生联系，产生了保险公司与用户的新关系；用户使用智能手机与自行车产生联系，实现了卫星定位、蓝牙解锁和还车等功能。

在共享单车或叫作自行车分时租赁服务系统中，每一个要素都在自身上产生了新的功能，其性质也发生了改变，而且通过分析发现，自行车已经不再是系统内的最核心要素，智能车锁这个要素与其他要素产生的联系最多，其功能也超出了原有的功能，性质也发生了改变。最终所形成的复杂的系统目标，对用户来说，使用的还是自行车的基本骑行功能，只不过是在找车、取车、用车、还车的全旅程用户体验上有了更好的提升。

## 三、结构性原则下的居家养老服务系统设计

系统的结构是指构成系统的要素、作为系统要素出现的其他系统（子系统）之间的连接方式构成的框架、层次、时空等秩序。系统内的各要素是相互联系的，不是单独存在的，而且这些要素通过一定的方式进行连接后构成了有机整体，这种要素之间相互连接的方式叫作结构，结构决定了系统的整体功能、目标和性质。

事物的发展是系统内各要素不断产生联系、相互制约、互相作用、相互影响的过程。在这个过程中，系统内的要素结构性越好，其协同性越高，系统就会得到整体加强和整体发展。

开展居家养老服务系统的构建，就是要在系统的结构性原则指导下开展居

家养老服务系统及其子系统的结构优化。

首先，要保持系统整体功能和目标明确。在系统运行过程中，系统内的各要素虽然输出的社会资源会有不同，输入的社会资源即获取的利益也不同，但要保持最终服务用户输入的社会资源与用户的问题方法、触点痛点、整体体验和各层次需求内容高度一致。其次，要将系统的整体功能进行合理划分，按社会资源的整体关系秩序、服务流向划分不同的小组、路径。避免要素关系的多余重复和交叉影响，降低要素之间产生利益冲突和相互影响的机会，但同时也要强化同类要素之间的合作，提高系统要素之间合作共赢的效率，提升输出社会资源的数量和质量。最后，要按照系统运行的时间、空间进行系统要素的合理规划，研究在同一空间出现要素的联系和不同空间要素的联系，分析同一时间同一空间、同一时间不同空间、同一空间不同时间和不同时间不同空间内要素具体输出社会资源和获取社会资源的时空秩序。

例如，居家老年人的日常缴费服务系统。作为居家养老生活系统中的子系统，其系统的目标就是实现居家老年人缴费的畅通、便捷和无障碍，能够实现老年人就近、独立或在他人的帮助下完成水电暖的缴费工作。居家老年人的日常缴费服务系统的资源流向较为清晰，要素之间的关系也相对明确，系统的结构秩序比较稳定。（见图 6–5）

在国家卫生健康委办公厅、全国老龄办、国家中医药管理局办公室等政府部门分别于 2020 年 12 月、2021 年 6 月和 2021 年 12 月发布的《关于加强老年人居家医疗服务工作的通知》《关于实施进一步便利老年人就医举措的通知》和《关于全面加强老年健康服务工作的通知》中，针对老年人的居家医疗服务发布了规范性的意见和建议，明确了开展居家医疗上门服务的系统目标和相关要素，服务的对象包括高龄失能老年人、慢性病老年人等，实施服务的主体要素是医疗机构、医务人员。对上门提供医疗服务的行为进行了规范，提出了加强医疗服务管理的制度、责任、风险防控、制度保障和组织实施的要求和具体路径。又陆续提出了加强医务人员培训、增加医疗居家服务供给等措施，支持护理员、护理中心、康复医院、康复中心、安宁疗护中心等纳入系统中，要求

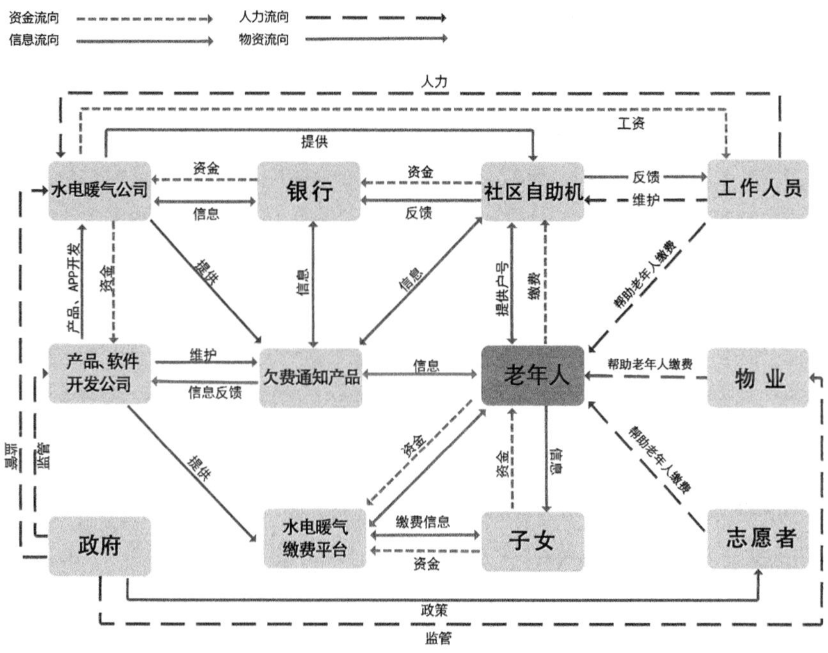


图6-5　居家老年人日常缴费服务系统

卫生健康行政部门积极协调创造条件、加强领导监督和宣传引导。还提出了加强信息化技术支撑，创新居家医疗服务模式的建议。①

从系统的整体功能角度，国家对居家老年人上门医疗服务系统的整体目标进行了明确。但是在现实生活中针对不同类别的老年人需求，还会有更多的、不同的目标出现。

从系统的结构性原则分析，对居家老年人医疗服务系统的要素组成提出了明确的建议，包括政府相关部门、卫生健康行政部门、医疗机构、医务人员、护理员、护理中心、康复医院、康复中心、安宁疗护中心②等，都是基于其医疗护理的社会资源来限定的，这些要素之间会产生各种联系，向用户输出人力劳动（医疗技能等）、信息（健康养护知识等）以及物资（医疗器械、药品等）

① 赵晨熙．全国护士队伍人数超 500 万人 [N]. 法治日报，2022－05－13(08).

② 葛欣羽．智慧养老理念下医养结合型医院室内空间设计策略研究 [D]. 西安：西安建筑科技大学，2023.

等，同时其获得上级部门、用户输出的资金等。

在居家养老医疗服务系统的构建中，医疗机构、医疗服务类社会组织、医疗护理类企业都属于人力劳动这一社会资源的输出者，在系统内的功能和目标相同。但是它们与用户产生的联系存在同质化矛盾，在系统中必然会产生相应的资源重复、利益冲突等问题，因此要充分基于结构性原则去研究它们之间的联系和创新它们的关系，还要基于时间、空间合理安排其在服务系统中的服务路径。要保障系统的开展和健康运行，在系统设计过程中，医务人员的培训、基础条件、领导监督和宣传引导等功能和目标的实现就是要让相关政府部门、卫生健康部门与其他政府部门、企业、社会机构等创造新的联系，每一个联系又会有单独的功能和目标。在具体服务过程中，老年用户和提供人力劳动服务的医护人员、老年人子女等还会遇到很多的痛点和产生很多问题需求，诸如隐私问题、卫生消毒问题、身份识别验证、人身安全、资金等需求。这就需要整合系统内的要素，发现它们之间的联系，分析输出和输入的社会资源。包括家政服务企业、安保公司、派出所、物业、邻居、公益基金组织等众多要素，实现在系统内的多个不同功能，形成全新的系统结构，以保障居家医疗服务系统的正常、有机运行。

## 四、整体性原则下的居家养老服务系统设计

系统是要素进行联系组成的结构与功能统一的整体，不同要素产生联系后的整体就会产生不同的结构和功能。在系统中，系统整体处于主导地位，系统中的各要素处于次要地位、服从地位，要素的发展必须服从和服务于系统的整体目标。整体性原则下的居家养老服务系统设计，就是要求在研究系统的各部分内容时，要始终把部分放到整体中研究，在研究系统时，也要把系统整体作为一个子系统放到更高一级的大系统中进行研究。在开展居家养老服务系统研究时，要按照社会系统、社会保障系统、养老服务系统这个整体与部分的关系开展研究。（见图 6-6）

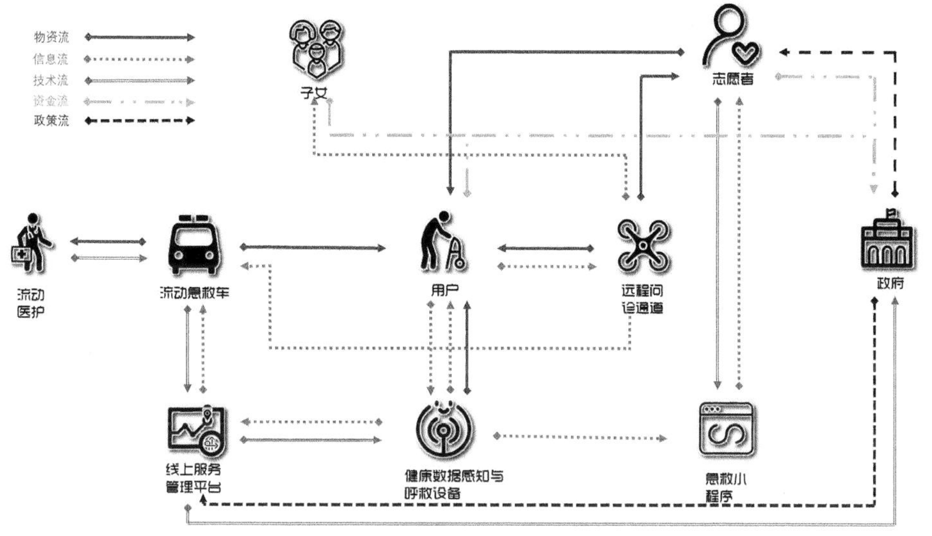


图6-6　乡村居家留守老年人院前急救服务系统

在研究居家养老服务系统的构建中，首先，我们要明确开展居家养老服务的整体目标，即为老年人创造更好的生活，让老年人生活得更加幸福。在这个整体目标的指导、限定下，研究日常生活行为中的服务系统小目标，要明确所有的小目标都是为了实现这个大目标，因此所有的衣食住行某一方面的服务系统建构都是要在这个大的服务系统内进行，脱离了居家养老服务的大目标，都无法实现真正意义上的为老年人服务。其次，在整合系统要素时，要着眼于社会系统的全要素，发现在社会系统中发挥作用的政府部门、企业、社会组织、个人等，要突破现有的系统分割的界限，将商业服务、文化服务、医疗服务等系统整合进居家养老服务系统，研究其具有的社会资源和对社会价值实现的需求，按照其自身的功能、性质明确其与其他社会要素产生联系的路径，有效组合社会系统的要素和其他服务系统融入居家养老服务系统，与居家养老服务系统内的要素进行有机连接。最后，从参与居家养老服务系统的要素关系角度，要从系统整体上分析输入输出社会资源的流向即服务流向。服务流向是由要素从自身具有的社会资源和自身的需求角度来决定的，服务输入输出面向的要素是建立联系的目标，是要素自发的，联系是有机的，其他要素和外界环境无法强行干预。就如同生物系统内种子的发芽成长，有其自然规律，我们不能打破这个规律，但是我们可以给予充分的阳光、水分、土壤等成长必需的条件。社会系统的系统发展，同样需要我们给予成长的条件，包括法律法规、政策、行业规范的制定执行，资金的直接支持和间接支持，人力资源培训、输出、监管的路径建设，物资设计、生产、制造、运输、销售等行业产业的扶持，信息生产、传输数据平台与技术创新指导，还有建立相关政府机构、企业、社会组织、个人等交流合作的会议、场地、媒介等中介平台。

支付宝属于互联网移动支付，就其性质来说，本身属于一个单独的支付系统，初期主要用于收款、付款、缴费等。但是支付宝与出行服务系统、商超服务系统、健康医疗系统功能产生联系后，就作为要素以局部、单元、部件的形式融入了新的更大的服务系统中，成为这些系统的要素、子系统，具备了更多的功能。

一方面，作为大系统的子系统、系统的要素，支付宝不断适应大系统或系统的发展变化，输出相关的社会资源，推动大系统的有机发展，包括银行系统、公安身份信息系统、芝麻信用、华为鸿蒙生态系统、医保、抖音、地铁乘车等等。另一方面，作为系统整体，不断完善系统内部要素和要素的关系，围绕用户需求、社会发展趋势，不断融合新的要素，创新系统内的个人经营收款、社交、游戏锁、数字人民币、机票比价功能模块，创新系统的整体功能和服务目标。最后，当自身系统的功能和服务目标得到整体提升后，又与其他系统产生联系，作为子系统融入其中，推动大系统发展。

支付宝的成长发展过程，就是基于一个大系统的要素和小系统的整体这一整体性发展原则的，支付宝已经从一个支付系统转变为了更加复杂的数字生活开放平台。

## 五、开放性原则下的居家养老服务系统设计

复杂系统基本上都是开放的系统，任何组织和个体都可以融入系统或离开

系统，系统是没有明确的边界的。开放性强调的是把握整体和外部环境之间的关系，开放程度越高的系统有机性越强。

系统的发展不是封闭的、与外界不联系的，系统在不断地吸收、整合相关的机构、组织、企业、个人等进入系统成为要素，各个要素也一直在不断与外界产生联系，获取或输出所掌握的物资、资金、信息、人力劳动等社会资源，并通过联系将这些社会资源补充到系统中来，最后输出给其他要素。系统也可以整体与其他系统融合，或系统内的某功能、服务模块与其他系统内的模块进行衔接、组合。

开放性原则下的居家养老服务系统设计，首先，要放宽系统要素接入的门槛，取消要素掌握社会资源的输入输出限制，即要弱化模糊系统框架的边界性，给新增加要素提供参与系统的机会和路径，给予其他政府部门、企业、社会组织、个人以及其他系统作为要素融入系统的可能性。其次，要尽可能将社区内外的政府、部门、组织、机构、企业以及个人纳入系统当中。从各要素自身具备的社会资源角度，研究其可以提供的服务内容以及能够在系统当中获取的利益。再次，要实现系统内部的功能模块化，通过基于功能的结构划分，形成多个具有不同功能的模块，不同功能的模块最终集合后能够达到系统的整体功能。最后，要强化系统的耦合性，耦合性是模块之间的关联度，耦合性越低的模块其独立性越强，耦合性越高的模块，越容易与其他模块产生关联。

在农村空巢老年人餐饮服务系统设计中，因为人力资源的短缺、老年人资金的不足，很难做到城市老年人用餐服务系统的标准，虽然有着巨大的社会需求，但也很难开展和继续。因此农村空巢老年人餐饮服务系统的构建，首要的是坚持开放性原则，尽可能多地整合相关社会系统的要素，探索要素之间的联系，分别提供相应的物资、人力劳动、资金和信息，以实现系统能够正常运转。

作为全国农村公共服务典型案例的福建古田的“互助孝老食堂”，本着开放性的原则，构建了政府、村居、居民以及众多其他社会要素参与的居家老年人就餐服务系统。按照系统的模块化思维，将要素进行重组、重构，形成了很多具有不同功能、服务目标的结构，按照一定的规则建立了秩序，不断输出服务内容。基于耦合思维，强化了各不同模块的沟通、联系，做到了“你中有我，我中有你”，实现了要素的效率最大化、社会资源利用的最大化。

当地与很多农村一样，地方财政资金不足、空巢老人多，有巨大的餐饮需求。县政府整合县财政、民政、市场监管、卫健、街道办等政府部门和机构，作为系统的要素，分别承担各自的职责，明确在系统中与其他要素的关系；作为系统要素用户，也进行了拓展，将村里的特困人员、三级以上残疾人、“五老”、60周岁以上的低保对象、“三属”、失独（或独生子女三级以上残疾）老年人、70岁以上老党员、80岁以上高龄老人共八类老年人纳入系统，保证了用户要素的可持续；整合财政资金、福彩公益金、专项补助金、慈善机构、社会企业、爱心乡贤、慈善总会、孝老爱心促进会等作为输出资金的要素，保障了资金供给；整合农村幸福院、老人俱乐部、宗祠等要素，输出场地、设施、监控、厨卫等社会资源，保障了食堂场地；还整合了本地居民、爱心人士、乡贤侨胞等要素，输出管理这一人力劳动社会资源，保障了系统的规范运营；对乡级党委政府、村居支部、党支部书记以及有责任心的居民输出管理能力，对系统进行监管运营；整合部分自理老人、残疾人作为要素，输出人力劳动为失能老年人打饭送饭、担任厨师及帮厨，自己获取公益性岗位收益；此外，还进一步拓展、整合了众多社会力量参与系统，作为要素通过志愿服务分别输出人力劳动，在文化、娱乐、学习等方面给予老年人精神、文化、情感支持。[①]

## 六、自组织性原则下的居家养老服务系统设计

德国物理学家赫尔曼·哈肯提出，基于组织的进化，可以分为自组织和他

① 孙宗亮.福建古田县“互助孝老食堂”暖胃更暖心[N].农民日报，2022-02-25(07).

组织两种形式。系统不依靠外部指令，而是按照彼此默契的规则，要素相互协调、各尽其责自动生成一种有序的结构，就属于自组织。[①] 自组织是系统的自我学习，通过学习系统结构变得越来越复杂，属于一种自身进化的能力，自组织性会形成不可预测性和异质性。[②] 自组织对社会系统来说，就是一种自我的社会创新。这种自组织的社会创新，推动着社会关系的变化、社会结构的变化和社会规则的创新。

系统的自组织性原则，是基于系统的开放性原则的，就要求我们在开发系统、创新系统的过程中，不要过度强化规则、不要限定固定边界和不要过度设计，应该做的是创造一个基本的生态，提供足够的支持，然后让其自行生成结构和秩序。

在开展居家养老服务系统设计时，我们要做的是由政府、企业、社会组织或个人等搭建一个基本的、简单的空间或平台，在空间或平台内提供基础的设施或框架，然后面向所有老年人、企业、社会组织、个人以及各种社会要素开放。所有组织、个体都可以根据自己的资源，发现融入系统内成为要素的可能性，主动与其他要素产生联系。随着加入系统的要素越来越多，输入输出的社会资源也越来越丰富，会吸引更多的社会组织、企业等要素加入，系统内具有的关系也越来越复杂，结构越来越有序，系统内的功能也越来越多元，接着又开始自我调整要素和完善关系，不断生长、更新，不断迭代。如同农村大集，最早的状态是几个小商贩在一个地点售卖商品，后来就陆续有其他商贩、本地农民加入进来，各自售卖不同的商品、农产品。随着商品种类的增加，顾客也越来越多，商户就按照商品的类别自动分区，就形成了一个大集。商户会在接下来的大集中自行选取中意的位置固定下来，售卖相同商品的商户和售卖农产

---

① 窦培锡，王梓钦．自组织理论视角下社区自治模式优化策略研究 [J]. 武汉船舶职业技术学院学报，2021,20(02):115－119.

② 德内拉·梅多斯．系统之美：决策者的系统思考 [M]. 杭州：浙江人民出版社，2012:109－111.

品的农户，会在过程中对商品、农产品的展销方式、价格制定等通过独特的方式实现大致统一。整个大集会按照禽蛋、海产、服装、日用品、农具等分类，形成独特的结构。售卖自产农产品的农民，也会在大集的入口处、出口处自行选定位置，按照他们自己的规则有秩序地摆放，形成了一个自产农产品区域。随着大集的体量越来越大，就有了卫生管理、停车管理、餐饮、市场监督等相关要素的融入，大集逐渐成为一个庞大的、复杂的农村商品购物系统，这个系统又逐渐进化、升级，成为农村旅游、农业发展的重要支撑。

## 第六节　多视角的居家养老服务系统设计策略

### 一、系统情境视角的居家养老服务系统设计

情境理论本质上属于系统理论思维范畴，是基于系统与外部环境的联系、系统内部要素的联系这一理论而产生的。系统的情境内容大致可以分为用户心境、时间情境、空间情境三种，这些情境在一定程度上影响系统要素的参与和要素的联系。

从用户角度讲，情境主要指的是其某一事、某一行为活动发生的时间、空间和用户的基本特征、主观认知、心境。从体验角度讲，情境就是影响用户在某一行为活动中、服务过程中情绪变化的主观特征和客观环境及环境内的事物。从系统角度讲，情境是影响系统功能和目标、要素、关系的外部环境和内部结构。居家养老服务设计开展用户研究和服务系统设计创新，必须充分研究情境的构成内容，并将服务系统的设计开发限定在一定的情境中，每一个行为活动、服务的发生一定有自己特殊的情境。

**第一种：用户心境**

用户心境指的是人作为系统的用户，在行为活动发生前、服务使用前受

其他事物影响而已经具有的心情、情绪表现。心境是一种持久的心绪，是在一段时间内持续存在的具有渲染性的情绪状态，心境具有一定的弥散性和长期性。[①] 人的内在的心境会在生活中产生多种外在表现，包括忧伤、悲郁、愉悦、平静、亢奋等，这些外在表现是可以被他人感知的，会对其他人的情绪产生一定的影响，也会对周围的事物产生不同的认知、情绪感知和影响。不同年龄阶段、不同性格特征、不同生活经历、不同行为习惯、不同认知能力、不同社会背景的人，在经历同一事物时，产生的心境是不同的。但相同年龄、性格特征、生活经历、行为习惯、认知能力和社会背景的人，在面对同一事物时，心境是大致相同的，但心境的持续时间长度又有不同。

第二种：时间情境

时间情境是指行为活动发生的时间点、时间段，还包括时间的长度过程。大的时间段包括人生、年、季节、月、日等时间段，短的时间就是一个行为的发生过程，从几分钟到几秒，或者是用一刹那、转瞬间、白驹过隙等来形容时间的快。对用户有特殊意义的重要时间段，对用户的情绪、行为会有特殊的限定，也会对服务有特殊的需求和禁忌。这些重要时间段包括节日、生日以及季节、年度或其他特殊的较长的时间段。老年人对传统文化、传统习俗有较为深刻的认知，也已经养成了固定的行为习惯。

开展居家养老服务系统设计时，要针对这些时间段开展有针对性的产品或服务，在原有的服务流程和触点产品的基础上，增加服务承载的文化信息、祝福信息、健康信息等内容的产品和服务。有效满足老年用户的物质需求和精神文化需求，提升老年用户的整体、深度体验。如在春节期间开展居家养老上门服务，要从服务人员的着装、行为、语言和使用的工具性产品、资金以及其他产品等方面，创造符合节日氛围的流程、产品，穿红色衣服、讲吉祥话、祝福语、发红包等，提升老年人的体验。再比如，海底捞饮食服务中的唱生日祝福

① 吴灵萍. 徽州民俗体育项目的美学审视——基于右龙板凳龙的田野调查 [J]. 体育研究与教育，2021,36(04):76-80.

歌、搞一个生日活动、送长寿面、送礼物等，在流程、触点产品和人力劳动等方面都基于时间情境做了创新，整体提升了用户的体验。

时间点、时间段是与用户行为触点和行为旅程阶段相对应的，在最恰当的时间点、时间段接入触点产品或服务，是能够较好地满足用户需求和有效提升用户体验的。服务设计的流程触点和阶段，要根据用户的行为特征和习惯，按照先后顺序排列，以保证服务的流畅性，让用户对时间的感知没有提前也没有延迟，而是恰当、精准。比如，在公交服务流程中，最好的用户体验就是时间节点的精准卡位，用户到达公交车站——取出手机（打开乘车码）——公交车到达（停到身前）——打开车门——上车（不用排队）——登上台阶（站稳）——司机互动（说您好、请扫码）——伸手机扫描乘车码（成功）——（脚步未停）走向座位——坐下（坐稳）——车辆起步。当然这是最理想的体验状态，在实际过程中，每一个触点都有可能被延迟或提前，用户的体验就会受到影响。例如，某些饭店在用餐行为旅程的“等待上餐”阶段，为了让用户不着急，饭店会给用户一个沙漏，并承诺在沙漏漏完前若没上完餐就给用户免单，于是用户就将关注点集中到了沙漏这个产品上了，最终结果是在沙漏漏完前上完菜，忘记了时间长度，只感觉到上菜确实快，这个就是商家针对等待的阶段提出的提升用户体验的方法。

时间是无法直接感知的，人们是通过物的外在特征变化和事产生发展过程这些可感知特征来感知时间的。在不同的行为过程中，用户对时间的长度的感知结果，会影响到用户的体验。所以要通过时间的可感知化，根据服务项目要求，缩短或加长时间。这个时间的缩短和延长，不仅指的是流程的调整，还指用户感觉时间的长度，这个感知长度与真实的时间长度不同。比如，在购物结账、等待公交车、医院就诊、银行取现金等行为活动中，排队的人群、背景声音、产品的交互、服务人员的行为动作等这些可以感知时间长度的要素，会让用户感觉到时间的漫长、煎熬，用户会产生烦躁情绪，并有可能与服务人员、其他用户产生矛盾冲突，最后产生了较差的体验。因此在开展服务设计时，除了要设计更为快捷、简单的流程外，更要针对体现时间变化的可感知要素进行设计创新。在与之相反的服务中，诸如自助烧烤、老火锅、游艇旅游、推拿、健身等服务中，则要重点通过对用户可感知时间的要素设计创新，实现感知时间的加长，给予用户体验的满足感，让用户感觉到超值。

时间是一直向前发展的，不会停止。任何事物的产生发展，都是按照时间轴向前发展，不会停止也不会掉转方向。在服务过程中，用户的触点可能会出现问题、产生痛点，这个痛点是已经发生的，不可能回到发生之前，所以必须遵循事件发展的规律，让时间继续，在之后的行为旅程中再探索新方法。例如，在餐饮服务系统中，某个菜品吃到一半发现有异物，酒店一般会让厨房重新制作菜品，问题貌似得到解决，但是用户的痛点已经产生了，不好的体验无法消除，因为时间没有停止，也不可能返回上一步。即使又上了一道新制作的菜品，也不可能恢复用户的情绪，重新上菜的补救措施没有将时间拨到之前这一选项。更好的处理方式倒不如顺应时间的发展，将菜品免费退掉，然后在后面的服务流程中通过赠送更好的菜品、小礼物、大的折扣以及免单等方式，才有可能消除用户的不良体验。

第三种：空间情境

空间情境是指行为活动、服务发生的地点及其环境中的除用户之外的人、事、物，包括在这个环境中的自然物、自然现象、人造自然现象、人造物等。从系统角度来说，空间情境就是系统的外部环境，系统以及系统的要素不断与环境中的人、事、物产生联系，并在其影响之下发生结构、功能和目标的变化。

居家养老服务系统运行发展的主要空间情境是家庭环境、社区环境和社区周边环境以及三重环境中的人、事、物等。小的环境就是指老年用户在社区、家庭环境中发生的某一行为方式的具体场所及其场所内的人、事、物等。长期在家庭环境和社区环境中生活的老年人，对家庭环境中的人、事、物和社区及社区周边的人、事、物较为熟悉，每一个行为方式的发生，都有固定的路径、流程，已经养成了固定的习惯。在这些环境中人、事、物的增加、减少等变化都可以清晰辨别。开展居家养老服务系统的设计，无论系统的服务目标是衣食住行方面的需求，还是娱乐、社交、购物、健身、医疗等服务中的体验，设计服务系统所需的要素首选的是家庭环境中、社区环境中的政府机构、个人、企业、社会组织。这些组织和个人之间经过多年的发展，彼此之间的联系较为密切，输出与输入社会资源的关系相对稳定，已经形成了具有一定功能的模块或简单服务目标的系统，因此要强化这些要素在居家养老服务系统中的重要性，并加强和稳固与用户和其他要素的联系。家庭环境和社区环境内的要素基本可以实现系统的功能和服务目标，一些特殊的、难度较大的目标和功能的系统，则可以按照老年人的基本特征和行为活动发生的时间和距离，根据系统需要，相应地整合到服务系统中。

## 二、自我价值实现视角的居家养老服务系统设计

马克思主义认为，人的价值是人对自己、他人和社会需要的满足。人的本质不是单个人所固有的抽象物，人是现实中一切社会关系的总和。人是社会和时代的产物，在社会主导的个人与社会的关系中，人离开社会就毫无价值，也无法生存。

人的价值分为自我价值和个体的社会价值两方面。人的自我价值即个体存在的意义，包括个体对社会的重要性、做出的贡献和担当的责任。人在社会活动中，不断输出个人的智力、体力劳动，创造物质和精神财富，在满足自身需要的同时，将物质和财富输出给他人和社会，对社会的发展作出贡献，他人和社会由此对其的存在进行肯定、认可和被需要。个体的社会价值则是个体对社会进步做出的贡献和对社会需求的满足。

自我需要是自我价值的驱动力和尺度，自我需要被分为生存性需要和超越性需要，其中超越性需要是自我的根本特性。这种自我超越性的需要推动自我与社会建立联系和关系，进行价值的有效联结。

基于这种自我价值实现的需求，在开展居家养老服务系统设计时，就要首先明确用户和参与系统要素个体的价值实现需求。然后具体分析其所掌握的

社会资源，研究这些资源对社会、对系统的价值。最后进一步细化其在系统中的位置、角色，创新与其他要素之间产生联系的路径，规划其在系统中的服务流向。

老年人中的一部分活力老年群体，自身的身体素质较好，同时具有较高的认知能力，掌握一定的专业能力，在行业领域内具有一定的价值和影响力，不仅自己能够继续获取物质财富，还有余力在日常生活中为他人、为社会作出贡献，他们对服务社会、实现自我价值有着迫切的需求。因此，在居家养老服务系统设计实践中，一定要去发现其与各服务系统产生联结的机会，将其作为社会资源和服务的输出者，创建服务系统的入口，实现与其他老年用户以及其他用户人群产生联系。

## 三、设计伦理视角的居家养老服务系统设计

伦理是基于人的道德反映出来的关于义与利、善与恶以及行为规范。在本质上，伦理是人性、人伦关系及结构等问题的概括性基本原则，伦理重点反映人伦关系以及维持人伦关系的规则。

设计本身是人的创造性行为、活动和结果，设计伦理是基于人性、人伦、道德对设计行为、活动和结果的规范。设计的行为、活动和结果要符合社会整体利益，设计要遵循生态，设计要负责任。设计伦理与系统设计的原则在内涵上是一致的，设计伦理也同样要求设计必须综合考虑人、社会、生态等的关系，着眼整体利益和长远利益，基于伦理的规范，实现人、社会、生态的平衡、协同。

“以人为中心”的设计伦理规范，就是要求在开展居家养老服务系统设计的过程中，不能破坏人、社会、生态之间的平衡关系。老年用户的痛点、需求、体验和价值实现是居家养老服务系统设计的主要服务目标。但同时，参与服务系统的个人要素、企业要素输出的人力劳动要素、用户的利益相关者以及同时接受服务的其他老年用户，都是居家养老服务系统要关注的人，作为人都

会与社会系统产生联系，都有各自的痛点、需求、体验和价值实现。为老年用户开展服务绝对不能损害其他人与其他主体的社会资源的联系和利益。

基于社会系统、社会关系、社会生活的关系伦理，就是要求在开展居家养老服务系统设计时，打破系统环境的物理空间和社会关系的限制，本着让老年人回归集体共居、回归人的社会属性原则，实现人与人畅通交流、互帮互助，创新家庭、社区和社会的畅通关系路径，创建关系融洽的、人与人和谐的新社群、新关系、新圈子，实现居家老年人内心情感的“心无隔阂”。

基于个体自我价值和社会价值实现伦理，就是要求在开展居家养老服务系统设计过程中，纠正“养老”对老年人自身状态的偏见和歧视，避免对老年人社会价值的忽视，基于“为老”服务、“为老年人实现价值”服务开展工作，实现老年人“老有所用”“老有所为”，实现老年人在居家养老服务系统和其他类社会服务系统中的多重角色，推动社会关系的创新和社会系统的进步。

基于家庭孝道伦理，就是要求在开展居家养老服务系统设计时，将老年人子女作为重要的利益相关者，发挥其在系统中的重要作用。社会关系的创新，不能影响、打破家庭关系，不能造成家庭关系的割裂。居家养老服务是要整合社会资源进入系统，首要的是要让家庭关系更好。社会系统要素参与居家养老服务不能以完全取代家庭成员为原则。社会系统要素参与居家养老服务系统，是为了有效缓解子女在家庭养老中的压力，同时也为他们提供更好的尽职、尽心、尽孝的路径，为老年人提供更好的服务。这是基于孝道的家庭伦理的根本。

孝道，指的是子女要“善事父母”，这是中华优秀传统文化的重要内容，要求子女要养亲、敬亲、顺亲，是家庭关系的基础原则，是养老服务设计的伦理根本。养亲既要给予父母必需的物资、资金、信息和人力劳动等生活保障，要将自己掌握的社会资源尽最大能力输出给父母，还要给父母最贴心、最暖心的精神保障，满足父母的情感需求、慰藉需求。更要作为主体或其他社会主体的辅助性个体，帮助老年人实现生理、心理等具有隐私性的需求，解决在日常生活中的相关隐私性痛点。这是能够保证在满足需求和解决问题的同时不会再产生更大问题的重要路径。

从系统角度分析，子女是居家养老服务系统设计中不可或缺的要素，虽然有了家庭以外众多社会力量的融入，但子女要素在系统内的模块功能和服务目标是不可缺少的，是居家养老服务系统不可缺少的结构支撑。

基于生存与更好生活的设计目标的设计伦理，就是要求在开展居家养老服务系统设计过程中，按照需求将服务系统的目标分为多个层级，在保障基本生存需求系统功能和服务目标的基础上，围绕老年人更高层次的情感需求、价值需求等，创建具有更高层次系统功能和服务目标的系统，拓展更多居家养老服务大系统下的子系统或模块。

基于智能、智慧技术的设计伦理，就是要求在开展居家养老服务系统设计中，坚守信息技术开发应用的伦理规范，减少“信息鸿沟”的出现，提升信息认知的适老性。在承载居家养老服务系统的 APP 平台和智能产品的开发中，强化提升老年用户体验，减少老年用户对智能产品的适应性学习活动，做到真正的适老。创建高科技、信息化、智能化产品与传统人力劳动相互协同的触点和服务场景，减少带有明显强制性、限制性、约束性以及歧视性、反人类的高科技和智能产品应用。

基于社会性与商业性的设计伦理，就是要求在开展居家养老服务系统设计开发时，通过制定相应的原则和机制，激励更多公益机构、非营利性社会组织参与系统，强化以社会利益为主的个人、企业作为主导要素，促进具有社会责任的社会企业的融入，降低居家养老服务系统过度商业化的可能性。

## 四、可持续发展视角的居家养老服务系统设计

可持续发展的基本要义就是“在满足当代人需要”的同时，不能以“对后代人需要的能力构成威胁”作为代价。

可持续发展运动是人类自发的、主动的一场革命运动。可持续发展主要针对的是世界人口的增长与地球资源的关系，随着人口增长，人类可利用的资源会面临耗竭，人类社会的发展会面临较大的挑战和危机。面对这种挑战和危

机，可持续发展理论从被提出开始，就被人们理解、接受并应用到生态、社会、经济等各个领域。可持续发展理论已经成为大众普遍认可的人类社会生态发展行为规范。①

人口老龄化与可持续发展理论有缜密的机理逻辑，可持续发展理论下的居家养老是缓解机构养老、家庭养老矛盾现状的有效路径。可持续理论下的养老，关注老年人本身，改变了老年人是社会发展的包袱、累赘的认识，将老年人、养老、为老服务视为可持续发展的机遇。

可持续养老理念指导下的居家养老，就是要充分发挥老年人的服务主体作用，可以根据个人的家庭社会关系、邻里社会关系以及亲朋好友社会关系等，也可以根据相同文化素养、相同爱好习惯等产生行为的相似性关系，依托居住区域的街道、小区、楼宇、单元这些地理空间，采用个体自助养老、集体自助养老、互助养老、搭伴儿养老等形式，共享个人的能量、认知和价值，共享居住场所、活动场所，共享信息资源，共享或交换他人的物资、资金等，实现养老资源的丰富和拓展，老年人可以互相帮助完成家务、沟通学习健康信息、情感沟通交流、交换产品或物资，有效减少了社会有限资源的使用。还可以通过“时间银行”等形式，参加社区的志愿活动，将自己具备的能量、认知能力和价值等作为服务的资源提供给他人，换取类似“时间币”的符号化财富，待自己需要时再去交换其他人力劳动、信息、资金、物资等服务资源，实现养老服务资源的错时共享。养老服务资源共享的结果，就是最终实现对社会资源的充分整合利用，支撑社会的可持续发展。

基于可持续发展理论的居家养老服务系统的设计，政府是保障和支撑居家养老服务系统可持续发展的基础。政府可以根据其掌握的社会资源，在居家养老服务制度的制定阶段，统筹社会系统与生态系统的要素与关系，详细明确实现可持续发展的目标、路径，强化各要素之间围绕可持续发展目标进行协同合作的原则。在政策方面，事先提出政策进行规划，适时出台政策进行调整和

---

① 肖金花．超大城市自助养老服务设计 [M]. 北京：化学工业出版社，2021：43-44.

完善。政府提供的政策不应仅停留在意见和方案层面上，而是应该有更加具体的、实操性较强的、与意见和方案配套的实施细则和标准。

在制度的执行阶段，则要进一步对居家养老服务的相关制度进行进一步优化。在人力劳动社会资源方面，通过制度和政策的引导、规范，推动专业人才队伍的培养和建设，保障居家养老服务系统内的人力资源的可持续。通过政策和财政资金支撑，建立培训、认证和管理一体化人才准入和职业发展建设机制，提升专业养老服务人才的能力和素质，更要充分发挥志愿者等社会个体的价值，在社会认同、社会价值提升等精神奖励、激励方面多措并举，构建一个全民参与的人力资源平台。人力劳动社会资源的需求除了具有较强系统性、专业性综合知识技能的人才外，还有众多的普通人可以参与进来，根据每个人的不同知识技能进行分类，建立专项人才库，建立多元的人力资源供给制度与专项需求形成紧密的对接。在资金方面，要有稳定的来源和持续的、不断增加的输入，除了增加财政拨款，强化慈善捐款、福彩基金的稳定性外，还需要健全个人捐赠和社会捐赠的专项，充分结合个人与企业的社会价值实现需求，并在补贴、税费等资金方面给予实实在在的利益，促成社会力量成为资金来源的主体。发挥政府的组织、协调功能，积极拓宽和拓展资金的渠道和来源，建立更多的社会性的、公益性的资金，资金管理、资金监督企业或平台，保障养老资金的充足。在物资方面，通过政府采购等形式，整合一切能够被使用的资源，提供场地、产品、物资。在环境空间方面，充分进行居家养老服务场所的调配，为开展居家养老服务提供必需的空间。在信息方面，充分发挥全领域监督管理职能，整合建立多部门协同的管理平台，政府、家庭、企业和社会组织共同参与的信息资源共享平台，强化服务反馈、服务提升、资源拓展等信息的系统价值。①

可持续发展角度的老年人群，本身就属于社会系统和自然生态必不可少的

---

① 姚雪．大庆市社区居家养老服务中的政府职能研究 [J]. 大庆社会科学，2023(05): 119－123.

一个部分，其在社会系统和自然生态的可持续发展中具有不可或缺的价值。将其定义为社会系统的自然生态的资源，有助于整个社会系统和自然生态的平衡发展。发现并充分发挥他们自身的能量，有效连接其他系统要素，是系统和生态平衡、协同发展的重要路径。从资源输出角度，老年人可以作为人力劳动社会资源，向老年人群自身、其他人群输出自己的知识、技能、经验、技巧等；从资源需求角度，可以有效推动老年产业和银龄经济发展，有效支撑全产业链、国民经济的整体性发展。

## 五、共享视角的居家养老服务系统设计

共享指的是有很多人一起共同分享某一事物。共享是将物品或信息独占变为大家共同拥有、一起使用，忽略物品的所有权而强调物品的使用权。共享的本质是优化资源的配置和利用。在系统中，资源包括要素本身和要素所具有的能力、技能和知识体系以及能够运用其技能和知识体系创造输出的事物，这些内容可能是要素独有的。优化配置和利用主要是要重新规划要素在系统中的位置，发挥其最大效能，创造和输出更多的其他要素必需的事物，以此推动系统内要素关系的创新、丰富，最终推动系统的高效、有机、可持续运转。

时间和知识的共享，本质上是人的劳动力的共享，包括体力劳动和脑力劳动。体力劳动包括运用自己的身体力量和技术来完成某一事情，或者是借助某些工具完成某一事情的行为。脑力劳动是指运用人的大脑，生产、传递知识给他人，帮助他人解决问题或学习知识的行为过程，也包括运用自己的语言表达和沟通能力安慰、劝慰和抚慰他人。时间是一个象征工具，是一个将不可量化的事、行为等变为可量化、可视化的工具。其首先代表的是时间长度，其次是在这个时间内所能提供的人力劳动。人能够提供的体力劳动和脑力劳动是无法具体计量的，所以就借助时间这个工具来表述。也有的用“积分”“时间币”来作为计量工具，积分可以换算时间或其他可计数的物资、资金、信息等。

欧美国家推行的“时间银行”项目，还有我国北京、上海等众多城市推

行的“养老服务时间银行”“志愿时间银行”“爱心银行”等项目，实际上是共享时间的互助式养老模式。项目将在一段时间内所能够提供的人力劳动，包括非专业的情感慰藉、协助、陪伴、娱乐、科普、培训等体力劳动和脑力劳动作为服务内容，然后用“时间币”作为量化工具，实现记录、存储、兑换、赠送等，实现低龄老年人与高龄老年人的人力劳动服务共享，也较好地实现了老年人价值的实现。

共享包括要素本身和要素掌握的、生产的服务内容的共享。商业服务本身就是某些要素和要素所掌握、生产的社会资源（服务内容）的共享。推拿按摩服务共享的是人力和技师具有的专业技术，还有空间环境及推拿床等产品。公交车服务、出租车服务也是车辆、司机等作为要素进行的共享，与此同时还提供媒体信息等服务内容。共享单车是将自行车这一产品作为要素为用户共享，骑行过程没有提供人力服务，但是却在车辆调度、车辆检修等环节提供人力劳动，使用产品过程中用户不与人力劳动直接接触，便产生了新的自助式的租车服务模式。

居家养老服务也可以实现要素共享，老年人可以作为系统共享的要素，为他人提供人力劳动。但是这种人力劳动是非商业的，是公益性质的。如四川成都武侯区晋阳街道吉福社区和甘肃张掖高台县城关镇新建东村党群服务中心的“共享奶奶”项目，老年人帮助接孩子、帮忙带娃。项目是自发成立的，组织者是社区工作者、老年人、孩子家长，相当于社区居民的共创项目，属于社区内的“老小”自愿互助模式。“共享奶奶”项目属于要素的共享，是将老年人作为社会服务系统的重要因素出现，帮助接孩子、带孩子，讲故事、教唱歌、教认字、做游戏、陪孩子写作业等，通过自己的人力劳动连接社区内的不同家庭，替代双职工家庭接孩子带孩子的工作，而从此活动受益的孩子家长则给老年人提供各种关爱回馈，社区工作人员负责组织和监督并提供空间环境和相关产品，还要提供供需的相关信息。在这个服务系统里老年人通过自己的免费劳动付出，获得了儿童、家长的认可，获得了个人的价值，得到了社会的认可。儿童家长通过预约老年人帮助，节省了自己的时间，节约了付费接孩子、看孩子的支出；儿童则获得了很多的帮助、教育、锻炼，学会了很多技能，与人交往更加开朗、大方；孩子的亲奶奶（还有爷爷、姥爷、姥姥）又节省了劳动付出，可以在自己的社区有自己的生活；“共享奶奶”们则会在为他人服务里获取孩子家长提供的关爱、帮助和慰藉；社区管理者实现了社区关系的和谐，社区更加充满温情；社会关系得到了创新，社会系统更加健康、向善。在这个服务系统里，要有手机端的APP服务平台创新，要有环境空间内的生活产品、学习辅助产品、活动道具产品的创新等。

共享视角的居家养老服务系统设计，要充分发挥基层党组织、党群服务中心、社区管理者等要素的重要作用。基层党组织、社区管理者是与社区、老年人联系最为密切的系统要素，对社区内的不同要素所掌握的社会资源情况相对熟悉。作为社会创新的有力推动者、居家养老服务的有力组织者和社区资源、服务的管理与监督者，应充分挖掘、发现社区内的个人、企业、社会组织等要素，详细统计、整合要素数量、类别，通过一系列的活动组织开展社会资源供需的对接，连接掌握不同社会资源要素，基于各要素的社会资源输入、输出的需求，充分开展闲置资源、有较高价值资源的利用，推动社区资源的共享与要素价值的实现。

滴滴出行服务系统，是基于社会资源共享的一种经济形式、一种社会系统创新的结果。滴滴出行服务系统是对社会资源综合利用的典型方式和路径，对生态平衡和可持续发展有着较大的支持，对用户体验提升的优秀设计策略，对社会关系创新起到了重要的推动作用。当然，出行服务系统的快速扩张性发展也带来了短时的资源浪费和生态环境污染等问题，但这些问题也已经找到了解决的办法。

在这个服务系统中，通过汽车、人力劳动等社会资源的共享，解决了个人学车、买车、养护车、停车、购买保险、雇用司机等资金的输出和用户学习难点，疏解了出行中道路拥挤、时间浪费、交通事故、人身安全、资产安全等痛点，实现了有自己的“快车”“商务车”“专车”和“专职司机”这一能够带来较高体验的目标需求，创新了对老年人友好的服务流程，节约了大量的道路资源、人力资源、信息资源以及自然资源的消耗和浪费，构筑了相对安全、舒适、健康的生活空间，将有效推动交通、环境等社会问题的解决。在这个系统中，众多的社会角色、身份发生了转换，随时可以切换，可以从企业的职工转变为专车的司机，可以从用户变为服务提供者，可以输出多余的人力劳动、智慧、情感，换取他人的利益，作为社会成员的价值。

共享在人类的生活中一直存在，但成为一种经济形式则需要一定的实现条件。共享视角的居家养老服务系统设计，是基于一系列社会环境的发展创新而形成的，是实现社会资源共享的必备条件。主要包括：互联网技术的高速发展和数字技术、数字产品的广泛应用、社会系统的要素认识提升、成本控制与效率最大化的需求、对资源的危机认识和价值的最大化、可持续发展的需求和生态的健康、社会公平与正义需要、向美向善的需求、从关注所有权到重视使用价值、创造更多的就业机会、工业生产后大量的闲置资源等等。

## 六、老年人信息素养视角的居家养老服务系统设计

信息时代是信息产生重大价值的时代，信息化代表的是先进生产力的变化。信息时代的人类生活方式会逐渐发生重大改变，老年人的生活方式，不可避免地会受到影响和冲击，老年人对信息时代的逃避会带来社会的隔离，而强行开展教育既不能够被老年人接受，还会产生众多的问题。

信息时代具有明显的特征，主要包括知识化、智能化、全球化和非群体化。彼得·德鲁克在《后资本主义社会》中指出，未来社会中真正具有支配性的资源是知识，知识和信息将成为社会发展的核心、战略资源，逐渐取代资本和物质资源。知识的生产和消费将成为时代的主要生产和消费形式，知识可以创造更多的财富，社会也对知识本身和生产知识的人力资源产生巨大的需求。信息时代的众多领域面临着较为复杂的决策性问题，效率和时空的限制使人工决策已经不能满足发展的需要，人工智能、物联网等信息技术的高速发展和快速应用，影响着人们的工作方式、生活方式的转变，无论是在生产领域还是在

服务领域，智能化成为一种新的潮流趋势。

互联网、物联网促使各个领域由物理空间向虚拟空间转移，时间也从有限性向无限性转化，这就是信息时代的网络化特征。各种商业活动、经济活动、文化活动，各类服务都突破了物理空间和时间的限制，全时空的网络生活、远程服务成为新的生活内容和生活方式。全球化的资源配置、全球化的市场竞争与合作、全球化的政治和文化，将整个世界推向全球化。国与国、组织与组织、人与人之间的时间和距离概念正被逐渐取消，固有的一些对社会的传统的认知正在逐渐被改变。在信息革命的冲击下，传统的群体化的社会特征受到较大冲击，逐渐向多元化、分散化发展，信息的传播工具、传输渠道日益多样，受众分化，产品也具有短期化特征，文化瞬时可变和多元，组织形式多元化等，都在向非群体化转变。

面对快速发展的更加复杂的信息社会特征，基于老年人群的生理特征、心理特征、认知能力、行为习惯、知识储备等慢慢变老的趋势，老年人在信息获取、信息认知、信息利用等方面都面临着巨大的冲击。

居家养老服务系统设计的最基础性内容，就是要实现系统内信息要素、信息资源的充分整合和创新，构建系统内外信息传输的流畅、准确和有价值。从海量数据到有价值信息的转化，再到老年人的信息学习和信息的接收使用，每一个环节都需要将老年人作为重点研究对象，开展全方位的信息处理和设计，将信息从适老到为老所用，有效实现老年人在数字时代的幸福生活尤为重要。

首先要明确老年人群对信息资源的需求，老年人需要的信息包括日常生活衣食住行等各方面必需的社会资源信息、医疗保健和健康生活信息、文化娱乐信息、社交信息、社会发展信息等，还包括具体某一活动、行为方式的全部信息，实现网络生活方式的信息等。要进一步发现老年人获取信息的习惯和特征，在了解老年人基本信息需求的前提下，丰富信息的储备量，甄别信息的真假和价值，建立更有针对性的信息库和可持续的信息生产体系。然后要整合信息生产、传输、转化的要素之间的联系，要坚守老年人对信息的基本权利底线，研究适合老年人的信息传播方式、信息传播渠道和信息认知方法。对负责信息生产的系统要素，要进行相关原则、底线的限制，不能忽略任何一个老年群体对信息的认知能力，生产能够适合老年人直接获取的信息形式。系统内的信息服务流向创造更加便捷的渠道，增加对信息甄别的要素或系统模块，帮助其将知识、数据转化为有价值的信息，并以相对简单的、易理解的形式输出给老年用户。

其次要通过设计实现信息的可视化、多感官、精准化，要在信息可视化表达、可听化表达等方面，基于老年用户的感官体验，实现多感官接收、全方位认知。在网络化、智能化的时代背景下，创新更好的信息平台形式，在现有的网络服务平台、智能产品数字交互界面中，根据老年人的生理特征和认知能力，降低信息识别的难度，实现多感官简洁性的交互，由智能产品和服务向智慧服务系统转化。

最后，要在居家生活的情境下，系统整合和丰富需求信息库、供应信息库，建立系统内与系统外多元的、畅通的信息生产、信息过滤甄别和信息监督渠道，实现信息生产、信息传输、信息使用的全链条服务系统。

# 第七章

# 居家养老服务蓝图与可视化服务平台和触点产品设计策略

## 第一节　居家养老服务蓝图设计策略

### 一、服务蓝图的设计价值

服务蓝图是基于用户体验研究、服务系统设计、服务平台设计和触点产品设计，而搭建的一种系统性描述服务目标、系统要素、要素关系、服务触点和服务流程的可视化形式。按照服务的时间轴向，表述服务系统要素出现的时间节点内与其他要素产生的社会资源输入输出的关系和阶段性目标、触点产品、最终目标。

基于服务系统的目标、要素和关系，以及服务系统的结构、秩序，服务蓝图将服务目标用户、服务提供者、相关服务参与者等要素以及系统内具有独特功能和服务目标的模块、子系统汇总到一起，从整体功能实现角度，沿着时间轴线，分不同时间点和时间段，详细展示、分析和研究各要素是如何协同一致创新服务流程和用户行为方式的。

服务蓝图是进一步完善系统和创新服务的系统性工具，通过服务蓝图的可视化表达，可以帮助服务设计者和服务提供者更好地明确系统要素的职责任务和分工执行，实现服务流程的创新。可以发现和完善用户在行为旅程中的触点，更好地开展触点产品的设计，最终有效提升用户的体验，实现服务系统的整体目标。

服务蓝图可以帮助服务设计者和服务提供者更好地开展服务的执行和创新。服务蓝图可以使服务设计者全面、准确、深入地了解服务系统，有针对性地创新、完善服务流程，更好地满足用户体验的需求。[①] 服务蓝图可以帮助服务提供者全方位落实系统各要素的相关职责，帮助建立规范的服务流程和服务提供者的行为规范。服务蓝图有助于强化系统要素的协同性，保持阶段目标和总体目标的整体统一。服务蓝图有助于发现服务流程的“断点”性不足，有针对性地开展服务流程的完善和查漏补缺。服务蓝图还有助于实现服务设计者与用户的共创，用户通过直观的方式可以感受到服务的触点，精确地了解服务内容的输出路径，从用户的视角进一步发现服务流程的问题和提出需求。

## 二、服务蓝图的可视化表达策略

服务蓝图的内容包括实体表现、用户行为、前台工作、后台工作和支撑行为五部分内容。实体表现是用户可以直接感觉到的有形的物质，包括产品、界面、服务人员以及其他环境空间内可感觉到、听到、闻到、触摸到、尝到的有形物质，这些都是能够让用户产生感觉的触点。用户行为是指用户在接受服务的行为旅程中的具体肢体语言的表现、表达和行动，用户行为按照发生的时间点、时间段进行分割，详细表述了某一个动作、举止或行为的阶段。前台工作是指服务提供者、服务人员的穿着打扮、言谈举止等表现、表达和行动，从实体服务和虚拟服务两种形式来说，前台工作还包括虚拟平台界面内的图形、图

① 刘刚．基于设计思维的服务设计过程研究 [D]. 天津：河北工业大学，2023.

像、按钮、链接的具体形式和反馈动作。后台工作是指发生在幕后的，不被用户直接感觉到的或间接的服务行为，其促使前台产生服务行为。支撑行为是指为整个服务提供的、发生在幕后的行动，包括技术的、管理的相关主体及其社会资源的输出方，主要包括系统内的要素及其掌握的社会资源。

互动接触线可以区分用户行为和前台工作，两者按照服务或行为活动的时间分别向前发展，两者之间产生互动接触时就产生了触点。可见度分界线将用户可见的前台工作和用户不可见的后台工作区分开来，详细表述了在这一段行为旅程的某个时间点、时间段内前台和后台的行为活动。内部活动分界线用以区分提供服务的组织、企业内部员工之间的合作关系，也表述了子系统与系统要素的协作支撑关系。[①]（见图 7-1）

| | |
|---|---|
| 实体表现 | |
| 用户行为 | |
| 互动接触线—— | |
| 前台工作 | |
| 可见度分界线—— | |
| 后台工作 | |
| 内部活动分界线—— | |
| 支撑行为 | |

图 7-1　服务蓝图框架

服务蓝图就是一张有流程、有分工、有时间、有任务、分阶段的执行图。如果将服务系统的设计比作一场婚礼的策划、筹备、准备工作，那么服务蓝图就是婚礼的举行流程。婚礼是一个活动、一件事，是一个系统。服务系统要

① 杨君宇，赵天娇，张赫晨．视觉策略助推服务设计——VI 高手之路 [M]. 北京：清华大学出版社，2020:194-199.

选取合适的时间、场地，要准备资金、订酒店、订餐标、购买烟酒饮料，要请司仪、总管，要订婚车、鲜花，要邀请家人、同事和亲朋好友，要约定伴郎伴娘，要有人负责，要请婚庆公司、酒店提供专业人力服务，要购买定制礼服、婚纱，婚礼的流程就是服务蓝图的用户行为新旅程，酒店、婚庆公司、亲朋好友各负其责，按流程执行，有与新人、嘉宾直接面对面的，有做后勤保障的，相互配合，相互联系。

根据服务系统设计的目标大小不同，服务蓝图表达的可以是宏观的基于整个服务系统要素的联系以及用户旅程规划，也可以是日常某一种行为活动的微观的服务流程、服务平台以及触点产品的可视化展示。普通用户日常快餐店就餐行为就可以分为宏观的整体全过程和微观的多个阶段，其中到店点餐就是一个相对微观的行为旅程，其服务蓝图也较为清晰。（见图 7-2）

| | | | | | | | | |
|---|---|---|---|---|---|---|---|---|
| 实体表现 | 餐厅空间 | 服务人员 | 桌椅 | 服务人员提示自助点餐 | 小程序主界面 | APP 菜单 | 显示已选菜品和总价 | …… |
| 用户行为 | 进入餐厅 | 找位置 | 坐下 | 取手机扫码点餐 | 打开点餐小程序 | 点选菜品 | 点击确认下单 | …… |
| 互动接触线 | | | | | | | | |
| 前台工作 | 迎宾接待 | 引至位置 | 送餐具 | 点餐二维码 | 推荐活动 | 帮助点选 | 送上下单小票 | …… |
| 可见度分界线 | | | | | | | | |
| 后台工作 | 经理监督 | 提示空桌位置 | 登记信息 | 获取用户信息 | 获取点餐信息 | 传输订单信息 | 厨房接收订单、制作菜品 | …… |
| 内部活动分界线 | | | | | | | | |
| 支撑行为 | 服务培训 | 流程管理 | 餐具企业提供一次性餐具 | 小程序软件开发与维护 | | | | …… |

图 7-2　普通用户日常快餐店就餐服务蓝图

## 三、服务蓝图的设计原则和方法

服务蓝图作为描述服务系统运行过程以及运行过程中各要素协同方法的工具，对于确定系统要素的角色、任务，优化服务流程及触点体验具有重要意义。服务蓝图的设计制作需要遵循基本的系统原则、用户体验原则、交互原则和“以人为中心”等。在设计制作服务蓝图时，首先要基于系统的原则，包括动态性原则、非加和性原则、结构性原则、整体性原则、开放性原则、自组织性原则等，充分融合社会要素的参与，在后台工作和支撑行为内容中，拓展和发现更多的可以提供相同社会资源的主体。其次要按照服务设计“以人为中心”的原则，在全面实现用户的全流程体验的同时，将服务提供者的体验需求进行有效表达，避免为实现用户体验而忽略服务提供者的体验。再次，要充分考虑利益相关者尤其是关系最近的利益相关者对用户的影响，服务的实体表现——触点不是面向一个人的，是面向所有用户人群的，同在接受服务的其他用户的行为也有可能给用户带来痛点，因此需要充分考虑服务流程中的利益相关者的管理。最后要分别从用户视角和服务提供者视角进行表述，从用户的问题、需求、体验和价值实现角度，对比分析服务提供者在服务流程每一个阶段输出的资金、物资、信息和人力劳动，明确直接提供者和间接提供者的社会资源输出路径，明确各相关要素的职责，细化用户与产品、人力劳动输出者的交互方式。

## 四、基于老年用户体验创新的居家养老服务蓝图

用户体验图中的行为旅程与服务蓝图中的用户行为旅程表述的是同样的事情，不同的是，服务蓝图中的用户行为旅程是创新之后的，是在解决了用户行为旅程中的触点产生的痛点之后，在通过改进产品的外观、功能、色彩和使用方法之后，满足了用户的需求，并从全旅程整体提升了用户的体验之后，形成

的新用户行为旅程。

服务设计聚焦的是一件事、一个系统，是用户发生的一个行为全过程，用户体验图的研究是为了发现用户在行为旅程全过程中的触点、痛点、需求，明确设计的机会点，用来创新产品和服务形式，并在此基础上实现用户的个人社会价值和服务提供者的社会价值。服务蓝图所构建的全新用户旅程以及触点，则是更好地将服务平台的流程展示出来，既明确了用户和服务参与者的每一个清晰的路径，又清晰表达了服务平台正常运行所需要的各个要素提供的后台支持行为和内容。服务蓝图中的用户行为旅程是在服务系统建设完成后，为了进一步明确系统内各要素的具体分工、执行顺序和整体流程而进行的可视化表达。用户旅程完成后，可以在此基础上进一步开展服务平台 APP 的架构设计、界面设计和交互设计。（见图 7-3）

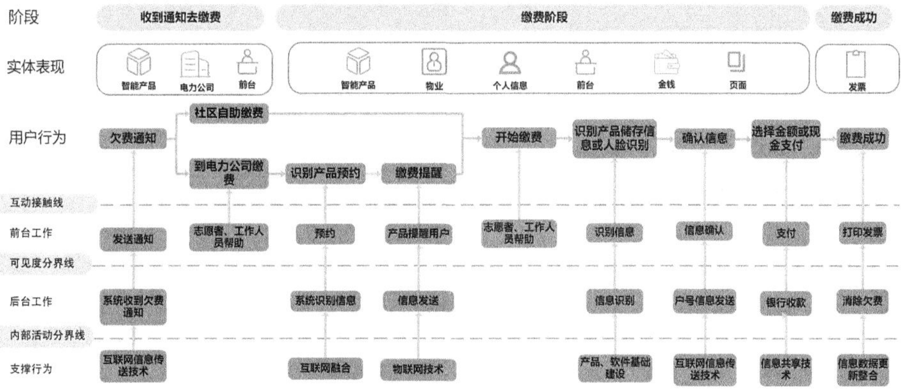


图 7-3　居家老年人缴费服务蓝图

服务蓝图中实体表现的设置，需要根据用户的全新行为旅程，按照时间顺序依次排列。实体表现即新的触点，是根据实际的需要，在每个阶段设置的可视的、实体的物（产品、物资、媒介）。

服务蓝图与用户体验图的用户行为的贯穿，体现的是服务设计思维的逻辑性和系统性，这区别于问题思维的因果关系的单向特征。诸如“居家老年人使用手机与子女微信聊天”这一行为事件，老年人在这个行为旅程中会有很多的触点、痛点和需求，从服务设计思维的角度提出提升这个过程整体体验的方法就是要逐一分析触点行为，以此发现用户的情绪变化，确定痛点之后明确用户针对这一痛点的真实需求，以及全旅程中所有痛点的综合需求，最终对应提出设计介入的方法。可能会产出“手机与智慧屏连接，以此满足大屏幕清晰显示”“子女在自己的手机端帮助老年人切换摄像头”和“后台软件提醒并帮助老年人手机摄像头对准面部”等功能的实现。而单纯地从问题思维的角度分析问题产生的主观和客观原因并提出解决方法，则会将“手机屏幕小看不清图像”“老年人不会操作手机切换摄像头”“摄像头对不准自己的脸”等问题归咎到老年人对数字智能产品认知不够，解决的方法是为老年人提供手机使用的培训学习这一服务蓝图，虽然也是较为直接的解决方法，但是又增加了老年人培训学习使用智能手机这一行为中的一系列痛点和需求。而整个过程的服务基本上是人力资源的服务输出，产品设计和服务设计在其中发挥的价值不高。

在用户行为旅程的触点整体规划上，要充分使用“峰终定律”。根据心理学家丹尼尔·卡尼曼（Daniel Kahneman）提出的“峰终定律”，基于我们人类的体验特征分析得出，用户在完成一件事物的体验后，能记住的或留下深刻印象的主要是在整个过程的最高峰和行为终了的两个时间点上，其他用户行为旅程中的好或者不好的体验，在比重上、体验的时间长短上和对记忆的影响上对整个用户情绪的影响不大，也就是说用户并不关注整个行为旅程体验的平均值。因此我们在提升用户体验的行为旅程时，要努力创造一个体验的高峰，还要保障最后流程终了时的优秀触点体验。要仔细分析、充分利用情绪曲线的波峰波谷，发现用户的情绪变化，明确研究的重点，改进用户新旅程的波峰波谷律动。用户在行为旅程中产生情绪的高低变化是正常的，波峰反复出现较高的标准，也容易让用户产生体验疲劳，出现波谷频率高的话，则会让用户的情绪降到低点。（见图 7-4）

服务蓝图中的全新用户行为旅程，可以在原用户行为旅程中通过加减触点、延长触点时间、改变接触的感官方式（更换其他感官或多种感官），以此提高速度、减少痛点和丰富体验，还可以调节触点的前后顺序，以此改变服务的流程。还可以重复某些让用户情绪提高的触点，让这些触点多次、反复出现，从而让用户反复感受好的服务内容。

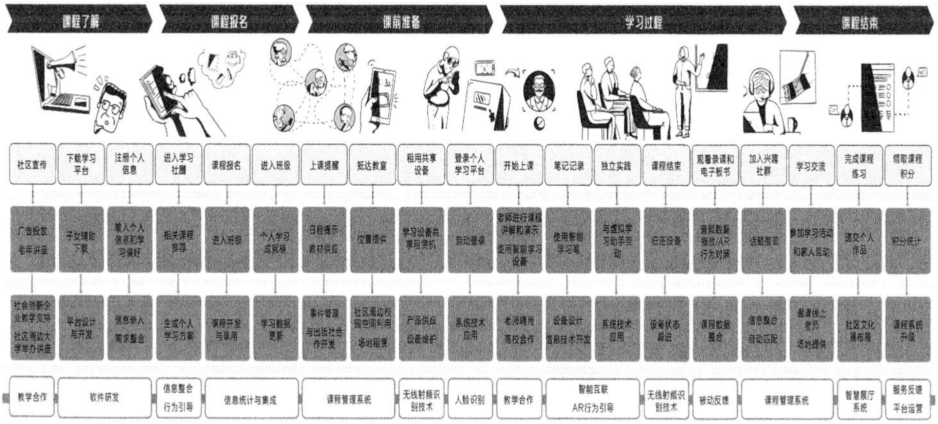


图 7-4　居家老年人教育服务蓝图

## 五、基于居家养老服务系统设计策略的创新居家养老服务蓝图

服务蓝图是基于服务系统设计基础上进行的服务设计的实施阶段，开展居家养老服务蓝图的设计制作，要充分与居家养老服务系统设计的策略相统一。

首先，要对应老年人的“基本养老服务目标”“体验层次服务目标”“价值实现和创造服务目标”三个层次，从服务蓝图的用户行为旅程、参与服务输出社会资源的组织和个体等要素整体视角，从输出社会资源的形式和内容微观视角，进一步验证服务目标的达成度。其次，要基于情境视角的居家养老服务系统设计策略，整体分析居家生活事件、空间中的实体表现的触点，根据用户不同心境下的需求变化，研究服务流程中有效提高用户情绪的触点内容和形式。再次，要基于老年用户自我价值实现和共享视角的服务系统策略，充分发挥老年用户在行为旅程中的主动性，适度减少前台工作量，为老年人参与服务、输出社会资源创建公益性岗位，创新“自助式”“共享式”的行为，增加老年用户与其他老年用户的触点。最后，要基于伦理视角的居家养老服务设计策略，强化家庭成员的存在价值，在后台工作、支撑行为等方面，将老年人的子女纳入其中，帮助老年人实现某些行为，并给予一定的物资、信息、资金和人力劳动的支持，要基于老年人的原有社会关系，创建畅通的信息交流渠道和平台，并且在信息接收、信息认知等方面，减少与智能产品、数字产品的直接接触，而是以利益相关者等其他系统要素为媒介，间接接收经过筛选的、有价值的信息。（见图 7-5）

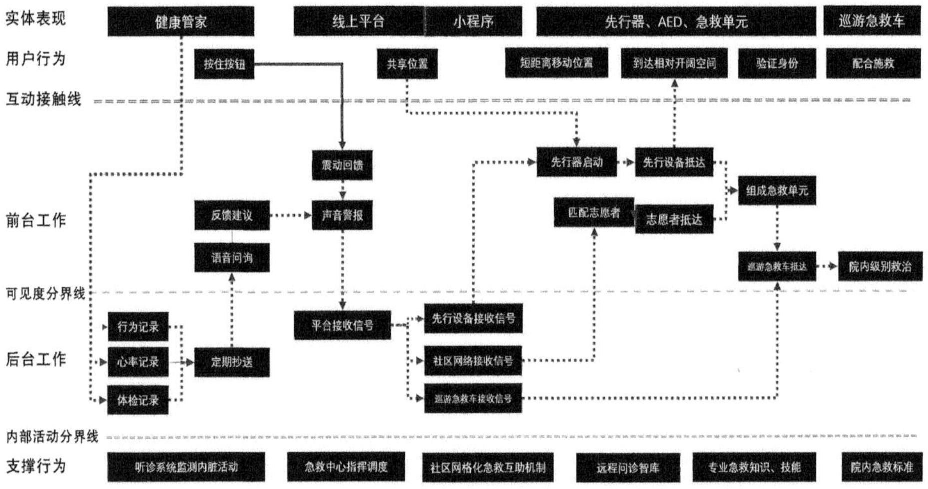


图 7-5　乡村居家留守老年人院前急救服务蓝图

## 第二节　居家养老可视化服务平台设计策略

平台是实现用户线上虚拟交互的数字架构，平台化是信息时代的典型社会特征。可视化服务平台是依托互联网、智能产品而架构的服务系统，主要包括网站、APP、小程序等。

居家养老服务系统最终要通过线上平台和线下环境来实现，线上平台主要包括网站、APP 以及公共智能产品等。线下环境则是指以活动、场所、人员、媒介、物资等实物资源构建的虚拟平台，这个虚拟平台本质上是由众多要素组成的相对固定的、稳定的社会关系。线上平台也可被称作可视化服务平台，是相对于线下的虚拟平台而言的，是指能够将服务系统内的要素、要素关系、社会资源的输入输出，通过可视化的形式和内容集中显示到一个平台上，系统的所有要素都可以通过这个平台进行系统内的活动，可视化服务平台传输的社会资源都是以数字信息的形式出现，包括静态的图形、图标、图像和动态的影像、动画，以及声音、色彩、空间和交互流程等。用户、服务提供者、服务参与者以及其他利益相关者，都通过可视化服务平台的信息交互与线下的实体交互相结合，实现服务的真实全过程。

居家养老服务平台基于互联网、物联网、数字技术、智能产品等基础，将为老服务系统的全部要素关系或部分要素关系通过线上实现，创建线上服务和线下服务相结合的系统形式。线上服务平台不能实现物资、体力劳动的输入输出，但资金以及脑力劳动可以实现数字化的转化，分别以数字资产、数字知识的信息形式，进行系统内要素之间的输入输出。

以电脑和手机端网站、PAD 平板电脑和智能手机端 APP 应用程序、小程序等形式为居家养老服务平台，可以跨越时间、空间的限制，快速地传递相关社会资源，高效地实现系统要素的交互，能够更加广泛地整合社会系统的要素融入系统当中。

## 一、居家养老可视化服务平台功能和目标定位

按照服务系统设计的功能和目标大小不同，居家养老可视化服务平台可分为居家养老服务综合平台和具体某一单项、多项功能服务平台。根据老年人日常行为活动的各方面需求，政府、社会组织、企业等开展了众多的服务设计，分别作为实现社会创新的主体主动服务老年人的商业目标或公益目标。

居家养老可视化服务平台的功能和目标定位，主要取决于用户的问题、需求，通过用户体验的研究我们可以发现，居家生活的不同老年人群在生活中有

众多需要解决的问题和满足的需求。除了基本的在家庭空间环境内的吃喝、休息、洗衣、做饭、个人卫生，社区环境中的就餐、就医、购物、出行之外，还包括健康保健、教育学习、社交以及回归社会、融入社区、服务他人、志愿公益等自我价值和社会价值等问题和需求。服务设计通过系统设计、蓝图设计，在解决问题、满足需求和实现价值的基础上，整体提升了老年人在不同行为活动中的体验，创新了老年人的生活方式。这些创新的体验和生活方式，需要借助可视化服务平台来实现。这也就成为可视化服务平台设计的整体目标。

相对于居家养老服务综合平台这一大系统来说，每一种生活方式都是实现单一功能。而对某一生活方式实现这一目标来说，其功能就被细化成很多的局部功能和目标。如在居家高龄老年人洗澡这一生活行为中，用户的需求是实现体验感较好的自我洗澡整体目标。根据其体验的痛点和需求，可以分为多个功能模块，包括水温自动设置功能、空间温度智能调整、跌倒监测预防和报警功能、淋浴后自动烘干功能等，根据这些不同的功能模块，就可以制定服务平台的功能和目标，在实现产品智能化的基础上，在小程序上分别实现洗澡预约设置温度、空间温度设置和感应调整、跌倒后紧急报警给子女、烘干方式选择等功能。而如果将其融入居家智慧生活系统中，这一整体服务目标又成为智慧生活的局部功能。

## 二、居家养老可视化服务平台的设计原则与方法

相比较计算机系统、软件来说，PAD 平板电脑应用程序、手机应用程序 APP 和小程序内部架构相对简单、机制较为灵活，小程序既可以作为独立的系统平台，又可以作为子系统或功能模块有机融合进其他系统内。要充分使用相关手机应用程序的开放性平台，如支付宝平台，利用其开放性的平台资源自主开发或代开发居家养老服务小程序，融入大平台，共享大平台的技术和流量。

可视化服务平台是服务系统和服务蓝图的可视化表达，是将服务展示给用户的最直观方式和虚拟交互平台。可视化服务平台承载的是服务系统的线上部

分和虚拟内容，可视化服务平台要分别给予用户、利益相关者、服务提供者以及其他重要系统要素参与系统的路径和接触点（界面、按钮）。

可视化服务平台的整体架构和要素参与路径，构成了PAD平板电脑应用程序、手机应用程序APP和小程序的内容架构。应用程序APP和小程序的内容展示的是服务系统图的要素与关系，也参与构建了服务蓝图的新用户旅程。应用程序APP和小程序的架构、设计一定要充分结合服务蓝图与系统图内要素关系以及社会资源的输出、输入流向。应用程序、手机应用程序APP和小程序的可视化构建，要坚持适合媒体、满足用户交互体验需求以及适老化交互原则。（见图7-6）

图7-6　乡村居家留守老年人院前急救可视化服务平台手机端APP

当前所用的诸多手机应用程序APP和小程序普遍存在“信息冗余”的问题，老年人使用手机应用程序APP和小程序主要为获取有价值的信息，过多的冗余信息会给老年人带来更多的困难，产生更多的交互痛点。部分手机应用程序APP和小程序主要功能不够突出，流程直观性、导向性不强，非主要功能却经常出现在页面的视觉中心位置，通过弹窗主动推送的商业信息会打断老年用户的正常流程，流程一旦被打断，老年用户就会陷入迷乱，很难继续下一步的流程。在政府相关政策的要求下，很多手机应用程序 APP 和小程序已经具备了“长辈模式”，但这些模式本质上没有大的改变，只是在字号、颜色等形式上做了适老化改变，服务流程、交互模式变动较小。服务流程、交互模式这个根本性问题解决不了，很难实现适老化的体验提升。

居家养老可视化服务平台手机应用程序 APP 和小程序的设计提升，首先要做到适老，其次要达到用户体验的整体提升，必须在同理心的情感基础上，充分尊重老年人对信息的认知特征，实现专心为老。要从感官层面、行为层面、情感层面开展为老信息交互服务设计。在感官层方面，要从老年人的五感角度，有针对性地对文字、图形、图像、声音进行整体性设计，根据老年人的特征和习惯在整体上调整可视化的形式，在版式设计、空间层次设计、视觉导向设计等方面，在局部上要对字号、字体颜色、背景色、字距和行距以及环境影响开展设计。要整合信息的主要内容和次要内容，通过视觉方法明确指示。还要在信息的具象化和抽象化表述上建立准则，减小抽象信息的识别难度。做到基础信息识别、认知的准确、高效，实现感觉的真实性、清晰性和老年人心理反馈的准确性。在行为层方面，整体上要减少老年用户的操作流程，减少不必要的触点，突出重要的触点，要按照老年人的日常行为逻辑设置相应的操作逻辑，避免老年迷路无法返回。在局部上，强化老年用户的感官反馈，混合多种动作、声音，以及通过视觉产生的味觉、嗅觉反馈。在情感层方面，基于老年用户的情绪、心境，通过背景环境中的色彩变化、声音变化、视觉空间秩序变化，舒缓老年用户在面对复杂流程时的焦躁情绪。要通过服务提供者、利益相关者的有效参与，提升老年用户在使用手机应用程序 APP 和小程序过程中的情感体验。[①]（见图 7-7）

---

① 袁穗灼．手机 APP 网络信息服务适老化现状、问题及策略分析 [J]. 内蒙古科技与经济，2022(21):34-37.

图 7-7　居家老年人教育服务平台 PAD 端

作为居家养老服务的开发者和居家养老可视化服务平台的创新者，要从系统的功能和服务目标角度，充分实现服务系统和服务蓝图的目标设定。要从内容上坚持公益为主、商业为辅的原则，从源头上减少商业广告类、垃圾信息类内容的出现，提高手机应用程序 APP 和小程序的安全性和隐私性，避免非必要信息的过度影响。要在坚守不过量的原则基础上，丰富老年人必需、必要信息的提供，建立相关真实、有价值信息的链接机制。

要充分发挥系统的动态性原则特性，及时收集用户和服务平台参与者的使用反馈，及时查缺补漏，完善服务平台的内容、形式和交互路径。要充分发挥系统自组织性的原则，在可视化服务平台构建初期不要设置太多、太复杂的路径，只需要搭建基本的框架结构，在可视化服务平台的运行过程中，在服务系统内部要素不断产生联系的过程中，自主发现和提出相应的方式、方法和路径、内容，这样不仅能够有效降低服务平台的体量，降低服务平台对网络、智能手机硬件的配置要求，减少老年用户的痛点，还能够避免老年用户在初次面对复杂服务流程时产生抗拒，同时更能够充分发挥老年用户在服务平台设计中的价值。[①]

## 第三节　居家养老服务触点产品设计策略

居家养老服务设计在服务系统设计和蓝图设计的基础上，通过线上服务平台和线下的场所空间、活动来实现，在线下活动中除了基本的物质性工具产品、物质性社会资源外，还需要创新相关的触点产品，作为整个居家养老服务的有效支撑。触点产品包括用户行为旅程的用户使用的实体触点、服务人员借助的实体工具类产品以及在服务环境中的公共产品等，它们分别承载服务的局部功能或整体功能，实现线上线下的社会资源传输、信息传输，建立用户与产品、用户与服务提供者的体验。

### 一、居家养老服务触点产品的功能定位

在服务设计的用户行为旅程中，用户与服务提供者或其他参与者产生接触点，这个点既包括时间点也包括物理状态的点和虚拟状态的点。不是所有触点都必须是产品，但是产品在用户行为旅程中一定是触点。

在服务流程、用户行为旅程中的触点产品功能定位，主要基于服务系统的整体目标和阶段目标。服务设计的整体目标是实现用户在用户行为旅程中的全旅程、整体性体验，阶段目标相对系统的整体目标来说，实际上是系统局部的功能，系统整体目标的实现，就是基于在行为旅程各阶段中不同功能的实现、

① 金燕，刘子琦，毕崇武．信息无障碍背景下的 APP 适老化改造研究 [J]. 现代情报，2022,42(08):96−106.

叠加。触点产品既是社会要素输出的社会资源，也是信息社会资源传输的媒介，还是用户在行为旅程中实现需求的工具。

首先，触点产品的功能来源于用户的体验需求。需求在用户体验研究中是以问题和痛点的形式产生的，用户在遇到问题和产生痛点时，会主动思考解决方法和替代的物品，会形成对人力劳动、物资、资金和信息的需求，有些物资是可以找到并被利用的，这种就是将原本不具有这个功能的自然物、人造物替代产品的功能。

以人们在野外摘果子为例，人们在野外想要摘取树上的果子的时候，果子太高摘不到，于是会接着想办法，会找到周边的石头、自己携带的物品垫到脚底下提升自己的高度或者扔石头砸、用携带的物品去够，最后成功摘到果子。这些石头是自然物质，自己携带的物品是人造物，虽然都在其中帮助实现了目标，但它们本身不具有这个功能。在遇到较高的树上的果子的时候，两者都无济于事了。或者当身边没有这类可以替代功能的物品的时候，人们就产生了需求，产品应具备的功能也就随之而产生了，抓取果子、可伸缩、轻便的、可携带、精准等，这时我们基本上明确了产品的功能、形式。人们不会直接产生具体的满足需求的产品功能和形式，但会以抽象的、概括性的概念词汇来表述，作为设计师就是要在充分整合这些抽象的、概括性的形容词汇的基础上，发挥联想与想象力，将抽象概念转化为具象的功能和外观形式。

其次，触点产品的功能还来自服务系统。服务系统基于服务目标研究构建系统的要素和要素之间的联系，要素之间的联系主要通过物资、资金、信息和人力劳动等社会资源的输入输出来实现。其中物资包括物质性、工具性的产品和作为生活、生产资料类的有形物质。通过要素联系产生的系统模块，在系统中具有明确的功能，这些功能的实现可以通过人力劳动，但人力劳动实现不了的时候，就需要代替人力劳动、创造更高效率的工具类产品的出现，尤其是智能产品，高技术性、高交互性的产品。（见图 7-8）

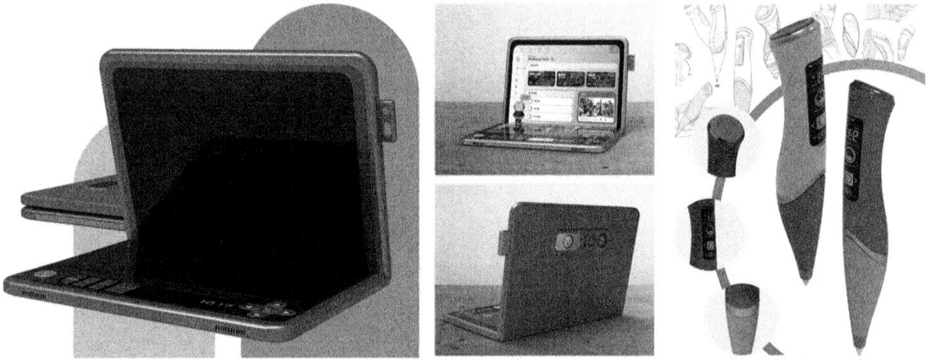

图 7-8 居家老年人教育服务触点产品可折叠平板、智能学习笔

比如，在停车管理服务中，收费阶段的功能最早是由专职收费员通过人力劳动来实现的，但是后来在“计时统计”“核算费用”“收费找零”“安全责任”以及“劳动时长度”等因素影响下，人力劳动被具有自动计时收费管理功能的监控产品及其组成的产品模块取代了。

再次，触点产品的功能还来源于服务蓝图。服务蓝图表述系统要素具体开展服务工作，输入和输出社会资源，以及如何在用户新的行为旅程中协同配合。服务蓝图的实体表现是用户与服务提供者、其他用户、利益相关者等可能产生交集的触点，因此每一个作为要素的个体人或者是被作为人力劳动输出的人，都会对触点产品产生交互，也会产生需求。比如，公共交通服务中的车载刷卡机，其功能的需求就来源于公交司机、用户、其他乘客、公交系统内的管理人员、提供后台支撑的产品开发人员等。作为公交服务系统内的收费功能模块，任何一个参与服务的个体的体验和需求被忽略，都会影响产品的功能，最后影响到整个公交服务系统的服务目标。

最后，触点产品的功能还与服务平台相关。服务平台是对系统、服务蓝图等包含的系统要素、要素的关系和社会资源传输路径的线上流程表达。参与系统的要素在各自的资源输入输出路径中，会与服务平台上的其他人通过虚拟触点产生联系，虚拟触点的体验会对智能终端产品、智能手机的功能产生各类需求，这些需求将推动产品功能的创新。（见图 7-9）

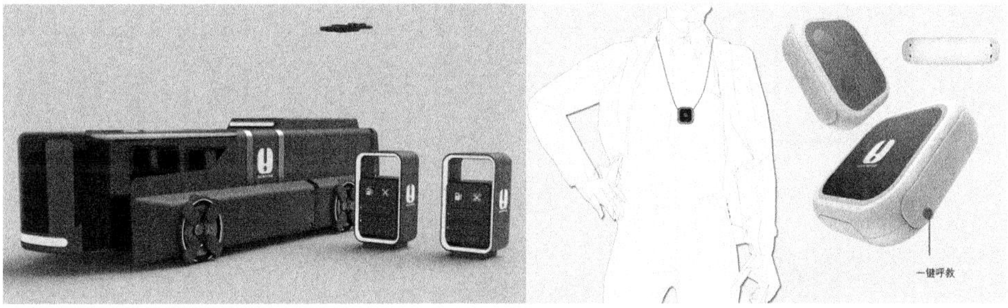


图7-9　乡村居家留守老年人院前急救服务触点产品：智能救护舱、基站、先遣器和感知器

## 二、居家养老服务触点产品的设计原则与方法

居家养老服务触点产品设计是基于服务设计的，是以阶段性模块化的功能实现和整体服务目标实现为设计方向，触点产品承载着人与人、人与智能产品的交互。开展居家养老服务触点产品设计除了要坚持功能性产品的易用性、一致性、简洁性、流畅性等原则之外，还要从服务、系统、体验等方面综合思考。

首先，要坚持“以人为本”和“以用户为中心”，而不仅仅是“以用户为中心”。开展居家养老服务触点产品设计首先要将用户作为重要的研究对象，围绕用户的问题、需求体验和价值开展产品的功能、外观和使用方法设计。但“以用户为中心”不代表就可以忽略其他参与服务系统的人的问题、需求、体验和价值，需要从整体性角度研究用户与其他人共同的功能和形式需求。从社会关系的角度来说，服务设计的本质目标是最终构建一个和谐的、共融的、系统的目标一致的社会关系和社会群体，在这个社会关系、社会群体中，每一个人都是服务设计的受益者，都可以通过这个系统获取其生存的资源和生活的价值。

其次，要适老但要坚守设计伦理。适老是根据老年用户的特征和行为习惯以及生活中的问题、需求、体验和价值开展的设计创新活动。适老主要指的是无障碍，适老是一个最基本的标准问题，但适老也要讲设计的度和底线，即设计的伦理，任何过度适老和超越底线的适老，都会引发伦理问题，最终可能会与居家养老服务目标背道而驰。

再次，要坚持情感认同不是情感依赖。情感认同是居家养老服务触点产品设计的高阶目标，从情感上认同产品的内在和外在，实际上是老年用户价值认同的重要内容。但过度设计的居家养老服务触点产品容易带来老年用户情感的依赖，而情感的依赖则会让用户产生焦虑、抑郁的情绪。避免老年用户主观的认知和对情绪的掌控、调整是一方面，产品设计的功能设计、交互设计、外观和使用流程则是服务设计要注意的问题。（见图 7-10）

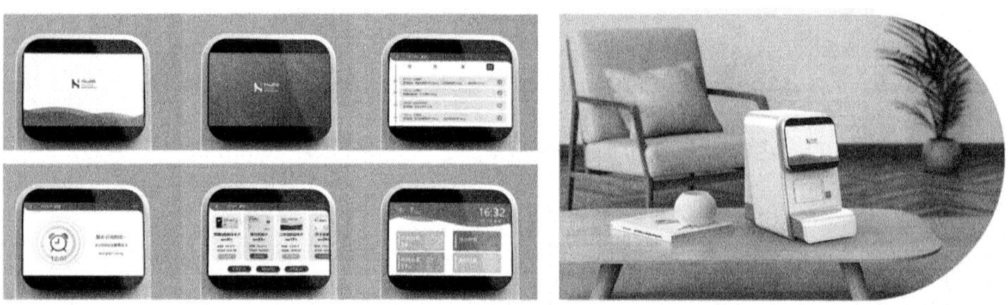

图 7-10　居家慢病老年人健康管理服务智能终端

继次，要坚持多感官交互体验是辅助而不是取代人。多感官的交互体验是居家养老服务触点产品设计提升老年用户体验的策略。通过感官替换，将原来的用户感知某一事物特征（触点）的感官方法，使用另外一种或多种感知方式。如时间，我们通常感知时间的感官是眼睛，通过视觉感知数字、指针或图形的变化来确定时间。如果使用另外一种感知方式来感知时间，比如，听觉、触觉等，就会产生不同的表述时间的"工具"。当然，多种感官方式进行组合和重复表达时间，则可以更加准确地、快速地感知时间，这种方式则是一种较好地提升用户体验的策略。但是交互体验再好的产品终归是产品，它只能成为社会关系联结的有效辅助性工具，它取代不了社会关系的人这个要素，尤其是在血缘关系上较为亲近的人和社会资源供需关系上最紧密的人。

最后，要坚持“智慧化”而不仅是智能化。智能化是自动化的升级，产品的智能化是随着技术的进步和社会关系的改变而产生，智能化的产品实现的是效率的提升，带来的影响是超越人的智能，智能并不一定带来体验的提升，越是智能的产品越能够凸显出人的智能。智慧是心智的感悟与创造，即便是再智能的产品也产生不了人的丰富情感。居家养老服务触点产品设计的创新，可以充分利用智能化带来的优势，但一定要坚守人的智慧化的核心。实现“智慧化”，就是要将人、用户作为主体，人和用户在使用产品和服务的过程中起到主导性作用。

# 第八章

# 社会创新视阈下居家养老服务设计策略研究结论与发展建议

## 第一节　社会创新视阈下居家养老服务设计策略研究结论

社会创新视域下的居家养老服务设计，是在设计学主导融合社会学、管理学等学科基础理论知识、方法和工具的基础上开展的。面对人口老龄化带来的巨大压力，面对复杂的老龄化社会系统问题，面对老年人不断变化、发展的问题和需求，我们需要采取更加科学、系统的策略和方法，开展更多的居家养老服务设计基础理论与策略研究。

项目基于社会创新的边界和系统原则，围绕居家老年用户的问题、需求、体验及价值，制定了居家养老服务的不同目标，在社会系统要素整合和要素联系创新的系统性原则基础上，形成了解决老龄社会系统问题和居家养老用户问题，满足用户不同需求、体验和价值的服务设计系统性创新思维逻辑，捋清了从用户研究到服务系统、服务蓝图、服务平台和触点产品表达的服务设计表达路径，制定了基于社会创新本质、系统特征开展居家养老服务设计的整体创新表达策略和具体创新角度、方法和原则。

通过研究，得出以下主要结论。

第一，开展居家养老服务设计，要遵循居家养老服务的社会系统特性，从社会创新的视域，分析创新、设计创新与社会创新的基因逻辑，明确在我国社会创新的语境下，开展社会创新与居家养老服务设计创新的原则、内容及两者的契合逻辑。社会创新与居家养老服务设计创新二者存在高度契合性。社会创新可以推动居家养老服务设计的主体更加多元，这有助于服务系统的健全和服务资源的丰富。社会创新可以推动居家养老服务设计不断实现服务模式的创新，创造更多的生活方式。社会创新可以保障居家养老服务设计研究成果的有效落地，并不断完善、迭代，实现有价值的复制和推广。社会创新可以帮助居家养老服务设计整合更多的社会资源，推动系统的高效运转。社会创新与居家养老服务设计关注的社会问题一致，系统目标也相同。

第二，开展居家养老服务设计，要从老龄化的基本内涵角度和社会系统生态平衡角度，分析人口老龄化社会问题的深层次系统原因，研究社会系统发展的局部目标和整体目标，才能有效明确开展居家养老服务设计创新的方向和目标。通过对老龄化系统原因的研究，明确了居家养老老年用户作为系统要素的价值和目标，从要素与要素的联系、要素与系统的联系两个角度，明确了老年用户对社会资源的基本需求、自我价值和社会价值实现的多层次目标，以及在此目标影响下的产生的问题和需要提升的体验。居家养老服务设计创新的研究结果，可以有效推动社会系统要素的有机融入，并明确各自的角色和职责。推动政府从宏观政策制度制定、监督管理和推进执行等方面，全方位整合来自不同领域、不同行业的相关社会组织、商业企业、社会企业、个人，将其经济目标、社会目标和价值需求，作为系统的局部目标融入居家养老服务系统的大目标中，充分起到桥梁纽带衔接作用，有效实现资金、人力、物资和信息等社会资源的整合以及资源共享平台的搭建。

第三，开展居家养老服务设计，要通过研究孝老、养老和为老服务的历史演变脉络，明晰养老主体发展变化的深层次谱系，明确开展居家养老服务的底层逻辑和传统道德观影响下的居家养老社会情境。通过对事与系统的目标、结构和秩序的耦合研究，明确服务设计与居家养老服务的系统机理和开展居家养老服务设计的系统性原则，明确开展居家养老服务设计的系统情境。开展居家养老服务设计创新，不仅要基于老年人特征的问题和需求研究系统要素和社会资源的创新整合形成服务模式的角度，还要基于家庭、社区、社会的系统情境的社会价值角度，更要基于家庭伦理、社会伦理、设计伦理的自我价值角度，开展多层次、全方位的“孝老”“养老”和“为老”服务设计。

第四，开展居家养老服务设计，要在“以人为中心”的基础上，分析问题思维、需求思维、体验思维和系统思维的不同内涵，研究各思维之间的内在紧密逻辑，明确服务设计的系统性、全局性和战略性创新思维特性。基于老年用户人群的特征和日常行为习惯分析，明确老年用户人群的定位策略，分析居家养老老年人群的情境，明确基于触点导向、需求导向和用户体验导向的居家养老服务设计目标定位的原则、路径和系统性的服务设计创新策略。基于“以人为中心”思维的逻辑所形成的服务设计创新思维特征，服务设计最终产出的成果的功能和目标就是人与人、人与社会系统联系的路径、方法和内容。联系的路径、方法就是人与平台、人与产品、人与人之间的线上、线下的交互方法和原则。联系的内容就是两者之间传输的物资、资金、人力劳动、信息等社会资源，以及这些社会资源的具体形式和内容的要求，即对平台、产品、信息、人力劳动的功能和形式的设计原则。

第五，开展居家养老服务设计，要通过对从用户研究到服务系统设计的逻辑导向分析，明确开展服务系统设计的流程、工具和可视化表达策略。在进一步分析居家养老服务系统的要素整合策略与要素联系方法基础上，最终形成了系统性原则指导下的居家养老服务系统的设计策略和多视角的居家养老服务系统的设计策略，还形成了基于居家养老服务系统设计策略的居家养老服务蓝图设计策略和可视化平台及触点产品的设计策略。

# 第二节　社会创新视阈下居家养老服务设计策略研究发展建议

基于项目主要研究结论和研究过程中遇到的问题，本文认为还要从以下几方面进一步强化居家养老服务设计的创新工作。

第一，进一步加强居家养老服务政策层面的指导性文件出台，细化各行各业针对居家养老服务开展创新实践的具体规范制度。有针对性地从设计、服务设计创新推动居家养老服务的价值角度，出台具有激励性和推动性的设计行业、服务设计领域参与居家养老服务的文件。国家和政府各部门已经开展了大量的宏观政策制定工作，为居家养老服务行业和产业发展明确了方向，同时也细化了具体的标准和规范。在进一步推动居家养老服务创新方面也出台了很多可参照执行的方法和路径，有效推动了全社会对居家养老服务的高度认知和积极实践，取得了较好的效果。但是针对设计领域参与居家养老服务的创新，缺少相关的激励性政策措施。通过出台相关政策措施，可以强化设计对居家养老服务的关联性和设计为人民服务的价值。设计不仅是为企业创造商业价值，更要为人民创造幸福生活。

政策的制定会有效推动高等教育学科融合、人才的专业能力培养和价值观引导定位，也会推动校企合作开展居家养老服务的创新实践，推动更多服务设计师岗位的设立，解决服务设计创新人才和创新成果短缺的现状。通过调查发现，目前国内针对居家养老服务开展系统设计的设计企业较少，大部分设计企业局限于居家养老的适老化空间改造、老年产品设计以及老年人使用智能产品的交互界面设计，较少有设计企业从事系统性服务平台的开发。目前已经有部分医疗电子产品生产企业在企业内部设立了专门的产品研发部门，针对居家养老的老年人医疗监护和健康监护开展创新，但是他们都是基于互联网和物联网技术，围绕着自家产品推广开发的产品和产品系统设计，缺少以人为中心的、服务视角的整体性社会系统要素的创新。

第二，进一步强化居家养老服务模式的创新开发路径，由相关部门牵头，企业、高校、社区共同发起建立区域性、开放式的居家养老服务共创平台。首先，通过制度性文件的发布实施，强化居家养老服务创新的导向，明确商业目标和公益性。对社会企业、商业企业、科研工作者、个人等的社会价值实现，建立荣誉表彰和激励机制，鼓励不同类别组织和个体开展居家养老服务创新活动。其次，建立居家养老服务创新集群、团队和小组，按不同的组织结构、不同的知识构成开展不同结构性功能和整体性目标的创新研究，设立相对固定的交流机制和社区实践场所。项目研究过程中发现，开展居家养老服务创新与设计的组织、个体数量越来越多且呈不断增长趋势，但大部分研究者受限于行业、学科和专业的划分，基本上都是单打独斗开展工作，即使是形成了相对稳固的团队的科研机构，也缺少与企业、社会组织之间的合作、交流，这样就造成了研究内容重复、研究结果雷同的浪费现象，促进不同研究主体之间的沟通、协作机制和共创平台的建设就迫在眉睫。共创平台的建设，可以先由线下的交流活动开始，逐渐转为线上、线下结合，充实更多可以参与共创的社会要素参与，集思广益、群策群力。最后，还可以设立专项共创服务平台开发资金，政府不仅要购买人力服务，还要购买设计服务，促进设计企业、设计科研机构的进入，带动从设计、开发到应用推广的全产业链模式一体化融入。

# 参考文献

## 一、著作


[1] 黄宗智 . 国家与社会的二元合一 [M]. 桂林：广西师范大学出版社，2022.

[2] 欧阳康 . 社会认识论导论 [M]. 北京：北京师范大学出版社，2022.

[3] 卡罗尔 · C. 古尔德 . 马克思的社会本体论 [M]. 北京：北京师范大学出版社，2022.

[4] 丰子义 . 马克思主义社会发展理论研究 [M]. 北京：北京师范大学出版社，2022.

[5] 陆华良 . 中国企业社会责任研究 [M]. 南京：南京大学出版社，2021.

[6] 王建国 . 城市设计 [M]. 南京：东南大学出版社，2021.

[7] 王炎 . 社会主义核心价值观的元价值及其释宪功能 [M]. 南京：东南大学出版社，2021.

[8] 段进，易鑫 . 以人为本的城市设计 [M]. 南京：东南大学出版社，2021.

[9] 戚啸艳，杨兴月，胡明，等 . 商业伦理与社会责任 [M]. 南京：东南大学出版社，2021.

[10] 韬奋基金会秘书处 . 公益精神与社会担当 [M]. 重庆：重庆出版社，2021.

[11] 中国日本史学会，东北师范大学东亚研究院 . 日本社会变迁研究 [M].

南京：江苏人民出版社，2021.

[12] 马岚 . 公益性和产业化相结合的养老服务模式研究 [M]. 南京：南京大学出版社，2021.

[13] 廖建尚，胡坤融，尉洪 . 智能产品设计与开发 [M]. 北京：电子工业出版社，2021.

[14] 张子琪 . 乡村老龄化问题与老年设施营建策略探究 [M]. 南京：东南大学出版社，2020.

[15] 许伟，叶闽慎，李静萍，等 . 智能养老服务研究 [M]. 武汉：湖北人民出版社，2020.

[16] 韩艳 . 政府购买居家养老服务质量评估研究 [M]. 厦门：厦门大学出版社，2020.

[17] 盛亚 . 社会创新的主体、过程与治理模式 [M]. 杭州：浙江工商大学出版社，2020.

[18] 金辉，曹国忠 . 产品功能创新设计理论与应用 [M]. 天津：南开大学出版社，2020.

[19] 中国老龄协会 . 新时代积极应对人口老龄化高端研讨会论文集 [M]. 北京：华龄出版社，2019.

[20] 钟伦纳 . 研究社会的方法 [M]. 重庆：重庆大学出版社，2019.

[21] 山西省发展和改革委员会宏观研究院课题组 . 社会化养老的山西实践 [M]. 太原：山西经济出版社，2019.

[22] 常方圆 . 用户体验设计 [M]. 南京：南京大学出版社，2019.

[23] 高常青 .TRIZ: 产品创新设计 [M]. 北京：机械工业出版社，2018.

[24] 王伟 . 新时代经济社会创新与发展探索 [M]. 兰州：甘肃人民出版社，2018.

[25] 郑天民 . 微服务设计原理与架构 [M]. 北京：人民邮电出版社，2018.

[26] 严炜炜 . 产业集群创新发展中的跨系统信息服务融合 [M]. 武汉：武汉大学出版社，2017.

[27] 张毅，王立峰，孙蕾 . 信息可视化设计 [M]. 重庆：重庆大学出版社，2017.

[28] 中共重庆市委组织部 . 互联网 + 公共服务创新 [M]. 重庆：重庆大学出版社，2017.

[29] 闻邦椿，刘树英，李以农，等 . 创新设计方法论详析 [M]. 北京：机械工业出版社，2016.

[30] 李俊奎 . 社会结构与社会变迁 [M]. 西安：西北农林科技大学出版社，2016.

[31] 王莉丽 . 老龄化背景下我国城市公共体育服务供给的反思与优化 [M]. 北京：北京体育大学出版社，2016.

[32] 陈志峰，刘俊秋，王臣昊，等 . 智慧养老探索与实践 [M]. 北京：人民邮电出版社，2016.

[33] 陶薇薇，张晓颖，石磊，等 . 人机交互界面设计 [M]. 重庆：重庆大学出版社，2016.

[34] 薛澄岐 . 复杂信息系统人机交互数字界面设计方法及应用 [M]. 南京：东南大学出版社，2015.

[35] 袁岳，张军 . 交互 [M]. 北京：机械工业出版社，2015.

[36] 卜泳生 . 苏州社会化养老模式新探索 [M]. 苏州：苏州大学出版社，2013.

[37] 陈嘉嘉 . 服务设计：界定 · 语言 · 工具 [M]. 南京：江苏凤凰美术出版社，2016.

[38] 王国胜 . 服务设计与创新 [M]. 北京：中国建筑工业出版社，2015.

[39] 胡鸿 . 中国服务设计发展报告 [M]. 北京：电子工业出版社，2016.

[40] 胡莹 . 服务设计概念衍生阶段的设计模式与策略 [M]. 长沙：湖南大学出版社，2017.

[41] 丁建定 . 中国养老服务发展报告（2018）[M]. 武汉：华中科技大学出版社，2018.

[42] 左美云 . 智慧养老：内涵与模式 [M]. 北京：清华大学出版社，2018.

[43] Saffer D. Designing for Interaction: Creating Smart Applications and Clever Devices[M]. Berkeley: New Riders, 2007.

[44] Ezio Manzini. Design, When Everybody Designs: an Introduction to Design for Social Innovation[M]. Cam- bridge: The MIT Press, 2015.

[45] 黄蔚 . 服务设计：用极致体验赢得用户追随 [M]. 北京：机械工业出版社，2022.

[46] 李四达 . 服务设计概论：创新实践十二课 [M].2 版 . 北京：清华大学出版社，2022.

[47] 刘星，周妍黎 . 服务设计创造与改善服务体验 [M]. 北京：中国建筑工业出版社，2022.

[48] 王祥，李亦文 . 服务设计 [M]. 北京：化学工业出版社，2022.

[49] 李满海，王愉，朱建春 . 服务设计信达雅（案例分析篇）[M]. 北京：清华大学出版社，2023.

[50] 胡飞 . 服务设计：范式与实践 [M]. 南京：东南大学出版社，2020.

[51] 刘军 . 服务设计思维与方法 [M]. 北京：光明日报出版社，2022.

[52] 郑子云 . 设计的立场：扩展的服务设计观念 [M]. 北京：中国轻工业出版社，2014.

[53] 张润彤 . 服务科学概论 [M].2 版 . 北京：电子工业出版社，2015.

[54] 肖金花 . 超大城市自助养老服务设计 [M]. 北京：化学工业出版社，2021.

[55] 易鹏，梁春晓 . 老龄社会研究报告（2019）[M]. 北京：社会科学文献出版社，2019.

[56] 梁颖，武润军，许迎春，王可 . 设计师的系统思维 [M]. 北京：机械工业出版社，2019.

[57] 柳冠中 . 事理学方法论 [M]. 上海：上海人民美术出版社，2019.

[58] 董玉妹 . 为新老龄而设计：设计赋能积极老龄化的理论与方法 [M]. 北

京：中国轻工业出版社，2022.

[59] 李立新 . 设计价值论 [M]. 北京：中国建筑工业出版社，2011.

[60] 丁建定 . 中国养老服务发展研究报告（2019）[M]. 武汉：华中科技大学出版社，2019.

[61] 胡平生，张萌 . 礼记 [M]. 北京：中华书局，2017:276-277.

## 二、期刊论文

[1] 陈景 . 老龄化背景下城市居家智慧养老研究 [J]. 科技风，2023(33):162-164.

[2] 刘强，张庆如 . 积极老龄化视域下老年群体体卫融合供需适配机制研究 [J]. 体育与科学，2023,44(06):107-111.

[3] 焦延超，叶秀娟，李晓晖 . 积极老龄化视域下老年人学习需求研究进展 [J]. 护理研究，2023,37(22):4075-4078.

[4] 王占坤，张宇 . 积极老龄化背景下德国老年人体育治理经验及启示 [J]. 体育文化导刊，2023(11):37-43.

[5] 毛霓熊，朱凯凯 . 乡村振兴下农村老龄化智能产品设计趋势研究 [J]. 设计，2023,36(21):71-73.

[6] 王巧，那成爱 . 基于服务设计的社区慢性病管理平台设计研究 [J]. 设计，2023,36(21):147-150.

[7] 朱秋婷 . 服务设计视域下老年在线教育平台视觉适老化研究 [J]. 丝网印刷，2023(21):120-122.

[8] 李盛弘 . 乐龄设计：服务设计、体验与创新——一场与未来自己的对话 [J]. 设计，2023,36(20):90-91.

[9] 刘姝珍 . 老龄化背景下城市公共设施无障碍设计探究 [J]. 黑河学院学报，2023,14(10):76-78.

[10] 陈素青，任秋蔚，葛文渊，刘兆德，赵虎 . 山东省人口老龄化空间格

局及影响因素研究 [J]. 陕西理工大学学报（自然科学版），2023,39(05):83-92.

[11] 徐之殿奎，鲍懿喜 . 社会创新视角下设计发展趋向研究 [J]. 包装工程，2023,44(20):77-87.

[12] 李向洲，谭玉珍 . 积极老龄化背景下智慧养老服务系统设计研究 [J]. 工业设计，2023(10):113-116.

[13] 杨剑，孟莹 . 积极老龄化视角下的老年人社区志愿服务 [J]. 中共青岛市委党校青岛行政学院学报，2023(05):80-85.

[14] 曲敏，任昭贤，黄景勇 . 面向视障老人的居家养老服务设计及住宅适老化改进研究 [J]. 家具与室内装饰，2023,30(10):18-24.

[15] 郭晓阳，韩瑞玲，杜晓辉，李宗哲，周翔 . 日本与中国人口老龄化时空演化特征及其影响因子比较研究 [J]. 资源开发与市场，2023,39(10):1307-1319.

[16] 杨元，龙万里，那成爱，张磊 . 基于社区居家养老服务的上门助浴设施设计研究与实践 [J]. 家具与室内装饰，2023,30(09):58-63.

[17] 李莉 . 基于物联网技术的智能养老服务系统设计 [J]. 工业控制计算机，2023,36(08):54-55,57.

[18] 吴莹莹，王睿 . 基于社区的居家智慧养老服务平台的研究与设计 [J]. 现代计算机，2023,29(15):109-112.

[19] 宋萍 . 积极老龄化视角下智慧养老服务体系设计研究 [J]. 设计，2023,36(13):132-135.

[20] 姜涛 . 服务设计与创新研究评述 [J]. 江苏商论，2023(08):57-60,64.

[21] 陈昕，张家泰 . 构建面向社区居民的药品信息服务设计 [J]. 包装工程，2023,44(16):403-409.

[22] 侯巍巍，孙惠东，杨奥茹 . 智慧养老服务下的情感化交互产品设计研究 [J]. 鞋类工艺与设计，2023,3(10):108-110.

[23] 高腾飞，陶秋燕，孙世强 . 企业社会创新：概念特征、内涵要素与理论溯源 [J]. 重庆社会科学，2023(05):103-117.

[24] 潘昭阳，唐昌乔．社会生态化转型下的设计变革：社会创新设计的机遇、挑战与路径 [J]. 艺术与设计（理论）,2023,2(03):25-29.

[25] 曾辉．城市更新中的社会创新设计 [J]. 建筑与文化，2023(03):2-9.

[26] 刘红菊．基于服务主导逻辑的社区医院服务设计研究 [J]. 美与时代（上）,2023(03):19-22.

[27] 方英．社会创新视角下的社会组织发展研究 [J]. 社会工作与管理，2023,23(02):30-36,73.

[28] 徐竹馨．服务设计理念下智能化养老机构空间设计探究 [J]. 智能城市，2023,9(01):44-46.

[29] 王也，辛怡佳．服务设计探究：系统的自发与象征性问题 [J]. 南京艺术学院学报（美术与设计）,2023(01):187-192.

[30] 欧阳洋，张婉玉．基于服务设计理念的老年益智产品设计研究 [J]. 上海包装，2023(01):178-180.

[31] 司超欢，周瑄．基于社会支持理论的社区“宠物伴老”新型养老服务设计 [J]. 鞋类工艺与设计，2022,2(24):174-176.

[32] 张芳兰，张俊瑶，冀文嘉，贾玉婷，王琪，孟泽熙．面向多维协同需求模型的临终关怀服务设计 [J]. 包装工程，2022,43(24):118-124.

[33] 李杰，李叶，韩荣．韩荣：用视觉叙事方法向社会创新传播中国故事 [J]. 设计，2022,35(22):28-30.

[34] 刘建军，王亚茹，徐威．智慧养老平台服务设计研究综述 [J]. 设计，2022,35(21):114-116.

[35] 伍健，尤冬桂．面向农村老人的医疗服务设计研究 [J]. 工业设计，2022(10):100-102.

[36] 冯达伟，周唯为．社会创新设计在工业互联网用户体验设计中的应用价值研究 [J]. 工业设计，2022(09):107-109.

[37] 谷文慧，周橙旻．服务设计视角下老年诊疗流程优化设计 [J]. 家具，2022,43(04):78-83.

[38] 江加贝，孙童心，郑址洪 . 面向居家养老人群的精细化智能服务设计研究 [J]. 装饰，2022(05):40-45.

[39] 刘伟杰，刘玮 . 情感需求导向的社区居家养老服务设计 [J]. 家具，2022,43(03):72-77.

[40] 谢克生，王韫 . 服务设计中的接触点：定义、研究现状与趋势 [J]. 包装工程，2022,43(08):137-148.

[41] 戴佳妮，夏敏燕，王逸豪 . 基于服务设计理念的老年患者医养结合康复 APP 设计 [J]. 工业设计，2022(04):98-100.

[42] 朱毅，杨娟，卜丹 . 数据驱动服务：从个人场景数据看定制化服务设计 [J]. 装饰，2022(03):130-132.

[43] 胡鸿，韩豪，宫丽爽 . 基于大五人格理论的协作互助旅居养老服务设计 [J]. 设计，2022,35(04):64-67.

[44] 江雨豪，陈永康，何人可 . 社会创新设计研究进展可视化分析 [J]. 包装工程，2021,42(24):222-229.

[45] 钟芳，埃佐・曼奇尼 . 社会系统观下的社会创新设计 [J]. 装饰，2021(12):40-46.

[46] 万利 . 养老服务体系建设应加快"产业化"政策设计——北京养老服务体系调研报告 [J]. 中国经贸导刊，2021(20):59-62.

[47] 肖彦博 . 社会创新视域下的知识动员：一个理论分析框架 [J]. 科学学研究，2022,40(05):787-795.

[48] 刘卓，张常子榕 . 基于用户感知价值理论的居家养老娱乐服务设计研究 [J]. 工业工程设计，2020,2(05):65-73.

[49] 弓力强 . 基于养老服务商业模式设计探析 [J]. 中国住宅设施，2020(09):42-43.

[50] 原佳丽，邱国鹏，伊林春 . 社会创新视角下乡村服务设计的策略及其价值研究 [J]. 三明学院学报，2020,37(04):66-72.

[51] 刘志阳，陈咏昶 . 全数字技术 - 社会新范式：以区块链社会创新为例

[J]. 东岳论丛，2020,41(08):113-124,191-192.

[52] 马源鸿，邹广天，邵健伟．基于社会设计理论的城市社区综合养老服务设施设计研究 [J]. 建筑学报，2020(S1):71-75.

[53] 刘和山，董雪，范志君，李普红．智慧居家养老服务系统设计研究 [J]. 包装工程，2020,41(08):36-42.

[54] 侯玉梅，傅勘，高秋烨，崔研，徐日，梁萧．医养结合型智慧居家养老服务平台设计 [J]. 包装工程，2020,41(06):94-103.

[55] 余翔，史宇芳．社会组织参与社会创新实践初探——基于宁波市旧衣回收箱案例 [J]. 浙江万里学院学报，2020,33(01):54-59.

[56] 刘奕祈，邓嵘．智慧居家养老服务设计策略探究 [J]. 设计，2019,32(20):116-118.

[57] 徐艳艳，孙利，李华．居家养老服务管理信息系统数据库的设计 [J]. 滁州职业技术学院学报，2019,18(04):36-39,43.

[58] 林楠，钟芳．人人参与的社会创新设计 [J]. 设计，2019,32(22):146-149.

[59] 赵汗青，崔天剑．社会创新视角下的当代乡村设计研究 [J]. 建筑与文化，2019(09):61-63.

[60] 江加贝，王可，李亦文．基于“互联网 +”背景下的居家养老产品设计研究与探讨——“互联网 +”背景下江苏智慧养老服务设计研究 [J]. 设计，2019,32(15):120-122.

[61] 乐涵潇，周美玉，刘力．“新常态”下娱乐养老服务的品牌策划与设计研究 [J]. 设计，2019,32(11):61-63.

[62] 陶秋燕，高腾飞．社会创新：缘起、研究脉络与理论框架 [J]. 外国经济与管理，2019,41(06):85-104.

[63] 韩冰雪，何颂飞．基于社会创新背景的城市菜市场服务设计研究 [J]. 设计，2018(23):11-13.

[64] 余友杰，巩淼森，谷悦．面向居家养老的服务设计策略探究 [J]. 设计，

2017(04):110-111.

[65] 庞玉芳，陈瑜，梁达庆，黄莉雯，刘晓梅 . 智慧居家养老服务体系设计 [J]. 中国医院，2017,21(02):63-65.

[66] 胡莹，白一茗，周子涵，等 . 设计思维的捕捉、认知与解读 [J]. 装饰，2022(05):78-83.

[67] 梁盼 . 古代养老 [J]. 阅读，2019(88):58-61.

[68] 薛洪波 . 简牍所见秦律“家罪”考论 [J]. 安徽史学，2020(02):19-25.

[69] 马智全 . 王杖制度与汉代养老的多样化政策 [J]. 简牍学研究，2020(02):83-88.

[70] 李亮 . 唐代版授高年问题发覆 [J]. 史学月刊，2021(04):26-36.

[71] 文媛媛 . 系统视域下唐代尊老养老社会风气的生成机制研究 [J]. 中州大学学报，2021,38(06):75-79.

[72] 郑雄飞，黄一倬 . 从均田到集中：民生演化视角下的唐朝土地制度变迁研究 [J]. 东岳论丛，2021,42(03):131-138,2,192.

[73] 焦艳 . 宋代的养老制度探析 [J]. 大庆师范学院学报，2018,38(04):125-130.

[74] 马晓燕 . 老人之老：宋代养老制度探析 [J]. 中原文化研究，2018,6(05):49-55.

[75] 冀雪超 . 元朝对孝的弘扬的历史轨迹 [J]. 邯郸学院学报，2020,30(02):71-75.

[76] 贾建增 . 元代旌表制度新探 [J]. 人文论丛，2019,32(02):155-165.

[77] 原瑞琴 . 从万历《大明会典》看明代养老之政 [J]. 廊坊师范学院学报（社会科学版）,2019,35(03):66-71.

[78] 胡婧婷 .《大明令》救济思想及其对中国特色社会保障体系的启示 [J]. 广西社会科学，2018(04):162-165.

[79] 徐文心 . 清朝社会保障制度下的传统养老模式演化方向初探 [J]. 今古文创，2021(27):108-109.

[80] 王志明 . 清代官员的“丁忧”和“终养”[J]. 人民论坛，2019(12):142-144.

[81] 刘继同 . 中国现代社会福利发展阶段与制度体系研究 [J]. 社会工作，2017(05):35-59,110-111.

[82] 郑尚元 . 论我国公务人员养老保险法制之建构 [J]. 行政法学研究，2021(03):61-75.

[83] 朱华雄，阳甜 . 新中国成立以来法定退休年龄思想演进与展望 [J]. 社会保障研究，2020(05):101-111.

[84] 肖辉，孙文胜 . 构建我国老年法学学科和老年法体系初探 [J]. 河北法学，2017,35(01):107-118.

[85] 徐颢 . 农村五保有“供养”[J]. 中国社会保障，2019(Z1):24-25.

[86] 吴玉韶 . 从老龄不是问题到老龄国家战略——新中国老龄事业发展的回顾与启示 [J]. 中国社会工作，2021(20):13-17.

[87] 冯维 .1978—2010 年城镇企业职工基本养老保险制度改革的历程与经验 [J]. 当代中国史研究，2021,28(06):66-84,158-159.

[88] 董克用，沈国权 . 党指引下的我国社会保障制度百年变迁 [J]. 行政管理改革，2021(05):26-35.

[89] 张琬 . 中国最低生活保障制度嬗变历程及阐释 [J]. 河南科技学院学报，2020,40(01):1-8.

[90] 张莎莎，苏果云 . 关于我国社会保障体系中养老保险制度发展的探析 [J]. 经济研究导刊，2022(14):61-64.

[91] 黄颖 . 我国老年人法律权益保障研究 [J]. 法制与社会，2020(30):120-121.

[92] 闫琳琳 . 我国基本养老保险制度实践探索及未来展望 [J]. 党政干部学刊，2022(02):47-53.

[93] 林闽钢 . 新时期我国社会救助立法的主要问题研究 [J]. 中国行政管理，2018(06):44-48.

[94] 郑功成 . 中国养老金：制度变革、问题清单与高质量发展 [J]. 社会保障评论，2020,4(01):3-18.

[95] 贾志科，高天跃，张欣杰，杨祎茜 . 我国养老保险制度的研究述评与趋势展望 [J]. 贵州民族大学学报 ( 哲学社会科学版 ),2021(05):71-89.

[96] 冯铁拴 . 养老保障的个人所得税法回应与体系优化 [J]. 兰州学刊，2021(08):76-95.

[97] 原新，吴京燕，金牛 . 中国老龄政策的演变历程、发展评估及未来方向 [J]. 老龄科学研究，2022,10(02):1-11.

[98] 于建明 . 政策视角下新中国养老服务体系发展历程 [J]. 社会政策研究，2020(01):3-18.

[99] 刘海波，刘砾丹 . 中国产业政策演进与产业结构全面优化 [J]. 内蒙古社会科学，2022,43(03):122-131.

[100] 丁建定，倪赤丹 . 论中国社会养老服务体系建设的重要转型——基于改革开放以来的一种历史比较分析 [J]. 学海，2021(06):109-113.

[101] 宫晓东，李玉龙，解惠然 . 我国适老宜居城市环境评价研究回顾与展望 [J]. 现代城市研究，2021(08):108-114.

[102] 崔开昌，刘纯燕 . 人工智能 + 养老服务：发展模式与实现路径 [J]. 中国老年学杂志，2022,42(08):2037-2044.

[103] 徐兰，李亮 . 互联网 + 智慧养老：基于 O2O 理念下的社区居家养老服务模式 [J]. 中国老年学杂志，2021,41(12).

[104] 刘亚娜，董琦圆，谭晓婷 . 京津冀养老政策差异与协同——基于“十三五”老龄事业发展和养老体系建设规划的政策文本分析 [J]. 社会发展研究，2019,6(03):189-202,245-246.

[105] 韩烨，付佳平 . 中国养老服务政策供给：演进历程、治理框架、未来方向 [J]. 兰州学刊，2020(09).

[106] 王书鹏 . 我国无障碍环境建设标准研究 [J]. 工程建设标准化，2022(02):78-82.

## 三、学位论文

[1] 苏炜杰 . 我国居家养老服务政府责任研究 [D]. 武汉：中南财经政法大学，2022.

[2] 杨志 . 融入社会创新的文创设计可持续发展机制研究 [D]. 杭州：中国美术学院，2022.

[3] 马源鸿 . 基于社会设计的城市社区综合养老服务设施建设策略研究 [D]. 哈尔滨：哈尔滨工业大学，2021.

[4] 吴健 . 赋能视角下社区居家养老服务优化路径与保障机制研究 [D]. 重庆：重庆大学，2021.

[5] 卢涛 . 开源策展：数字社会创新视域下的设计策展机制研究 [D]. 杭州：中国美术学院，2021.

[6] 邵秋虎 . 社会组织参与居家养老服务的协同度评价、优化及提升研究 [D]. 南京：东南大学，2021.

[7] 李雪 . 面向基层图书馆分众阅读服务设计的用户阅读画像构建与应用研究 [D]. 武汉：华中师范大学，2021.

[8] 于卓灵 . 社会创新利益相关者网络治理模式研究 [D]. 杭州：浙江工商大学，2021.

[9] 马骁 . 福利多元主义视角下城市居家养老服务的可及性问题研究 [D]. 济南：山东大学，2020.

[10] 张婉玉 . 基于认知模型的服务设计团队管理方法研究 [D]. 西安：西北工业大学，2020.

[11] 黄俊 . 居家养老服务模式下老年人生活质量研究 [D]. 武汉：武汉大学，2019.

[12] 高腾飞 . 企业社会创新与企业价值 [D]. 北京：对外经济贸易大学，2019.

[13] 张登利 . 中国居家养老服务的支持性政策研究 [D]. 武汉：华中科技大学，2019.

[14] 唐啸 . 参与式设计视角下的社会创新研究 [D]. 长沙：湖南大学，2017.

[15] 高颖 . 基于体验价值维度的服务设计创新研究 [D]. 杭州：中国美术学院，2017.

[16] 邵海亚 . 基于需求视角的江苏省居家养老服务模式、机制及满意度实证研究 [D]. 南京：南京大学，2016.

[17] 肖金花 . 基于满意度提升的集体自助养老服务设计研究 [D]. 西安：西北工业大学，2016.

[18] 戴志鹏 . 居家养老服务视角下的老年人体育运行机制研究 [D]. 苏州：苏州大学，2015.

[19] 王晓亚 . 农村社区居家养老服务体系建设研究 [D]. 保定：河北农业大学，2014.

[20] 胡莹 . 服务设计概念衍生阶段的反思型设计 [D]. 长沙：湖南大学，2014.

[21] 修宏方 . 社区服务支持下的居家养老服务研究 [D]. 天津：南开大学，2013.

[22] 季铁 . 基于社区和网络的设计与社会创新 [D]. 长沙：湖南大学，2012.

[23] 王毅 . 两汉养老制度研究 [D]. 太原：山西师范大学，2020.

[24] 许秀文 . 魏晋南北朝社会保障研究 [D]. 石家庄：河北师范大学，2020.

[25] 汤艳 . 唐代尊老养老法律制度研究 [D]. 郑州：郑州大学，2018.

## 四、其他

[1] 陶铁之，朱闰，金花 . 一种智慧社区老人居家养老探查系统 [P]. 安徽省：CN117014469A,2023-11-07.

[2] 李婷婷，訾慧，汪卫 . “互联网 + 医养康养” 融合发展——辽宁地区居

家养老服务体系建设的实践探索 [C]// 中共沈阳市委，沈阳市人民政府 . 第二十届沈阳科学学术年会论文集——四等奖论文 . 沈阳城市学院 ,2023:4.

[3] 吕祥云 . 社区居家养老服务的标准化体系创新研究 [C]// 中国标准化年度优秀论文（2023）论文集 . 江苏省质量和标准化研究院 ,2023:4.

[4] 王慧芹，王建军，詹美旭 . 面向老龄群体需求的“大城市大养老”模式研究——以广州市为例 [C]// 中国城市规划学会 . 人民城市，规划赋能——2022 中国城市规划年会论文集（19 住房与社区规划）. 广州市城市规划勘测设计研究院，广州市城市规划勘测设计研究院规划研究中心 ,2023:8.

[5] 胡国清，李润，付西敏，等 . 一种针对居家养老服务的护工调度方法及系统 [P]. 广东省：CN116629514A,2023-08-22.

[6] 尹春华 . 一种居家养老服务设备 [P]. 江苏省：CN218473411U, 2023-02-10.

[7] 刘云 . 老龄化背景下城乡医养结合养老服务体系的建设研究 [C]// 中国智慧城市经济专家委员会 .2023 智慧城市建设论坛论文集（一）. 山东协和学院 ,2023:2.

[8] 汪明 . 居家社区养老服务的创新与探索——以无锡市梁溪区为例 [C]// 中国老年学和老年医学学会 . 新时代积极应对人口老龄化研究文集・2022. 南京福康通健康产业有限公司 ,2022:7.

[9] 黄静 . 一种老年人居家养老服务助老洗护装置 [P]. 山东省：CN217243998U, 2022-08-23.

[10] 蔡家诚，张楠 . 一种智慧居家养老服务系统及方法 [P]. 河南省：CN114496260A,2022-05-13.

[11]RB/T 068-2021, 居家养老服务认证要求　通则 [S].

[12]RB/T 069-2021, 居家养老服务认证要求　膳食服务 [S].

[13] 林永强 . 一种居家养老服务志愿者的管理系统及方法 [P]. 广东省：CN108648125B,2021-10-29.

[14] 韩雨杉 . 社区居家养老服务设施发展现状及规划策略 [C]// 中国城市规

划学会，成都市人民政府．面向高质量发展的空间治理——2021 中国城市规划年会论文集（19 住房与社区规划）．南京大学，2021:13.

[15] 卜德清，和莎，李苏之影．国内外典型社区居家持续照护养老设施体系研究 [C]// 中冶建筑研究总院有限公司．2020 年工业建筑学术交流会论文集（下册）．北方工业大学建筑与艺术学院，中国船舶重工集团国际工程有限公司，2020:4.

[16] 许露微，刘珂．日本地域综合照护体系及对我国社区居家养老服务体系建设的启示 [C]// 中国老年学和老年医学学会．新时代积极应对人口老龄化研究文集・2020．江苏无锡滨湖区河埒街道社会事业局，2020:6.

[17] 刘文清．基于互联网 + 的社区居家养老监护云服务平台研制与应用．广东：广东开放大学，2020-10-22.

[18] 杨朔．基于政府购买服务的居家养老服务测评方法研究．北京：中国标准化研究院，2020-05-27.

[19] 中华人民共和国中央人民政府．国家卫生健康委办公厅关于进一步推进“互联网 + 护理服务”试点工作的通知 [EB/OL].(2020-12-08)［2022-06-20］.http://www.gov.cn/zhengce/zhengceku/2020-12/16/content_5569982.htm.

[20] 中华人民共和国国民经济和社会发展第十四个五年规划和 2035 年远景目标纲要 [N]. 人民日报，2021-03-13(01).

[21] 中华人民共和国中央人民政府．关于全面推进居家养老服务工作的意见 [EB/OL]. (2008-01-29)［2022-06-20］.http://www.gov.cn/zwgk/2008-02/25/content_899738.htm.

# 致 谢

项目研究的顺利开展，离不开全国艺术科学规划项目管理中心、省文旅厅各级相关部门领导和工作人员的支持和帮助，也离不开参与项目评审的专家们的意见、建议和给予的认可、肯定。这既坚定了我和团队成员通过人才培养教育和基础理论研究协同开展社会服务的信心，又坚定了通过学科、专业和领域的融合创新致力老年人福祉事业的决心，更激励着一名已步入中年的一线教师和青年学者不断前行。

学校、科研处、财务处、资产处、图书馆及学院各级领导和同事，在项目申报、研究和结题过程中给予了全流程的支持和帮助，给予了政策、制度、学术资源、空间环境、配套设施、研究时间、资金管理以及团队建设等方面的充分保障。

作为山东省志愿服务研究基地、中国老龄协会山东青年政治学院老龄科研基地的研究员，基地的负责人、专家给予了大量的指导、支持和帮助，在项目研究过程中，充分开展交流合作，为项目研究成果的质量提升提供了大量优秀建议和信息资源。

众多生活在全国各地的社会科学领域、养老服务科学领域的优秀专家学者，透过全国性的互联网学术会议，将最新的较具影响力的研究成果和思考传递给了我，成为启发项目研究思路的重要资源，为项目研究拓展了内容、拓宽了路径、创新了知识点。设计界的学术前辈、学科大咖、业界朋友和致力于科研的同行，带来了众多的鲜活且极具营养的学术知识和实践经验大餐。还有一批奋战在各地不同岗位的同学、好友和学生，为项目研究集思广益、收集素材和案例，为项目积累了大量的、一手的、有价值的基础资料。

作为亦师亦友的学科建设者、设计教育领军者和科研领域专家的我之授业恩师，在教学与科研的工作协调方面，在工作与事业的目标统一方面，以及在科研工作的创新方面，都提供了非常有价值的建议和意见，给出了高效率的方法和路径。

社会科学领域、管理科学领域和服务设计领域的专家学者和社会服务项目的优秀实践者们，作为合作伙伴，在项目研究过程中给予了大力的支持和帮助，在研究内容的跨界创新、阶段成果的出版发表、最终研究成果的验证完善等方面给出了实实在在的帮助。

团队在明确各自的任务分工后，各成员之间相互充分沟通、交流，针对项目研究过程中的问题和新情况及时反馈、及时解决，针对学科之间的差异性，共同寻找融合、协同创新的办法，较为有效地开展了项目的理论、逻辑和路径研究。团队成员与各自的项目小组，也克服了疫情带来的诸多不便，充分利用疫情有效缓解的时间段，深入到社区基层开展调研，获取了一大批有价值的数据和信息，相对全面地对老年人的生活现状、问题和需求进行了系统性的认知。

我的优秀的学生们，在居家养老服务设计实践过程中不断触发新的问题，产生新的思考，推动着居家养老服务设计理论体系的进一步补充和完善，也取得了一个又一个的创新成果。

在项目的研究过程中，父母、妻女不仅给予了充分理解和帮助，还给予了温暖的家庭氛围和细致的生活照料，才使我安心地暂时放下一份责任又努力担起另一份责任。

一个阶段的研究工作结束了，这只是运用服务设计的思维和策略，开展社会服务为老年人福祉研究创新工作的一个阶段，完成好这个阶段的目标后，也代表着下一个阶段的开始。

借此，感谢给予我帮助、鼓励、支持的每一位专家、领导、同事、朋友和学生！

向你们表示最真挚的感谢！

祝：万事皆好！一切顺利！所求皆如愿，所行化坦途！多喜乐，长安宁！

宋瑞波

2025 年 1 月 7 日于济南